Thomas Böhm

»Diese Note akzeptieren wir nicht«

Thomas Böhm

»Diese Note akzeptieren wir nicht«

Welche Rechte Eltern in der Schule haben

mvgverlag

Bibliografische Information der Deutschen Nationalbibliothek:
Die Deutsche Nationalbibliothek verzeichnet diese Publikation in der Deutschen Nationalbibliografie; detaillierte bibliografische Daten sind im Internet über http://d-nb.de abrufbar.

Für Fragen und Anregungen:
info@mvg-verlag.de

Originalausgabe
1. Auflage 2019

Nymphenburger Straße 86
D-80636 München
Tel.: 089 651285-0
Fax: 089 652096

Redaktion: Desirée Šimeg
Umschlaggestaltung: Maria Wittek, München
Umschlagabbildung: iStock.com
Satz: ZeroSoft, Timisoara
Druck CPI books GmbH, Leck
Printed in Germany

ISBN Print 978-3-7474-0063-0
ISBN E-Book (PDF) 978-3-96121-387-0
ISBN E-Book (EPUB, Mobi) 978-3-96121-388-7

Weitere Informationen zum Verlag finden Sie unter:
www.mvg-verlag.de
Beachten Sie auch unsere weiteren Verlage unter www.m-vg.de.

INHALT

Für Elke, Christoph und Clarissa, die das Verhältnis von Eltern und Schule erlebt haben, erleben und erneut erleben werden.

VORWORT

Jeder Autor freut sich über großes Leserinteresse. Mit *Nein, du gehst jetzt nicht aufs Klo!* ist es mir offenbar gelungen, in der Öffentlichkeit das Bewusstsein für die gesetzlichen Grundlagen des Handelns unserer Schulen und Lehrer in einem Rechtstaat zu stärken. Das Schulrecht ist kein Fremdkörper in einer pädagogischen Institution, sondern ein wichtiger Bestandteil pädagogischen Handelns. Ebenso sind die Rechte der Lehrer keine persönlichen Privilegien, sondern eine Grundvoraussetzung für den Lern- und Erziehungserfolg im Interesse der Schüler.

Ohne Lehrer, die ihre Rechte und Pflichten kennen und ihre Handlungsmöglichkeiten im Interesse des Schul- und Bildungserfolgs ihrer Schüler nutzen, können Schüler nicht erfolgreich lernen. Das ist unbestritten und doch bin ich in vielen Jahren der Fortbildung und Beratung von Lehrern, Schulleitern und Schulen immer wieder Schulleitungen und Lehrern begegnet, die trotz hoher Qualifikation und großer Anstrengungen nur geringe Schulerfolge ihrer Schüler vorweisen konnten. Qualifikation und Einsatz der Lehrer sind offenbar eine notwendige, aber keine hinreichende Bedingung für erfolgreiche Schüler. Die Schüler müssen lernen wollen und können und deren Motivation sowie Haltung wird entscheidend von den Eltern geprägt. Bilden Lehrer und Eltern die beiden tragenden Säulen des Bildungserfolges der Schüler, bliebe jede Darstellung der Rechte und Pflichten der Lehrer ohne die der Eltern ein Torso. Zudem ist die Unsicherheit der Eltern in Bezug auf ihre Rechte und Pflichten sicherlich nicht geringer als die der Lehrer. Eine Unsicherheit, die sich nicht allein mit fehlenden Rechtskenntnissen erklären lässt.

Das große Interesse an Schule und Recht beruht nicht zuletzt auf der Suche der Lehrer, Eltern und Schüler nach Orientierung und überindividuellen Fixpunkten. Das Bedürfnis, sich auf allgemeingültige Regeln stützen zu können, ergibt sich bei Lehrern unmittelbar aus ihrer Aufgabe, da schulische Bildung und Erziehung nicht mit den individuellen Vorstellungen der Lehrer begründet werden kann. Eltern und Schüler fordern Schutz vor Willkür durch das Recht und suchen Klarheit und Zuverlässigkeit in Zeiten schnellen Wandels und großer Verunsicherung. Im gleichen Maße, in dem die soziale und kulturelle Basis des Handelns schwindet, gewinnen juristische Begründungen und rechtliche Konfliktlösungen in der Schule an Bedeutung. Rechtsfragen wie die, ob Lehrer Schülern den Toilettengang während des Unterrichts verweigern dürfen oder Schüler am Schwimmunterricht teilnehmen müssen, stellen sich erst, wenn soziale Regeln und kulturelle Grundlagen allein keine eindeutigen Antworten mehr geben. Ist der Bedarf an rechtlichen Konfliktlösungen groß, sind offenbar zahlreiche Konflikte vorhanden.

Für Konflikte ebenso wie für deren Lösung braucht man immer wenigstens zwei Parteien. In der Schule sind das Lehrer und Eltern, mit den Schülern als dritter aktiver Partei, die zugleich im Mittelpunkt des Handelns der Eltern und Lehrer steht. Eltern sind keine Gegenspieler der Lehrer, sondern Partner, die dasselbe Ziel anstreben, nämlich den Bildungserfolg der Kinder und Jugendlichen. Partnerschaft schließt Kritik keineswegs aus, setzt aber einen angemessenen Umgang miteinander voraus. Das Schulrecht sichert die Rechte der Eltern in der Schule im Interesse der Kinder und erkennt die große Bedeutung der Eltern für den Bildungserfolg der Kinder an. Das

Schulrecht ist damit realistischer als viele Bildungspolitiker, Pädagogen und selbst Eltern, die unterschätzen, wie groß der Einfluss der Eltern auf den Bildungserfolg der Kinder ist.

Nein, du gehst jetzt nicht aufs Klo! betonte die rechtlich gesicherten Handlungsmöglichkeiten der Lehrer, um im Interesse der Schüler erfolgreich unterrichten und erziehen zu können. *Diese Note akzeptieren wir nicht* soll ein besseres Verständnis der Rechtsbeziehung von Eltern und Lehrern fördern. Meine Darstellung stützt sich auf Gerichtsentscheidungen, behandelt aber auch schulische Alltagssituationen, die noch nicht von Gerichten beurteilt wurden. Der Schwerpunkt der erörterten schulrechtlichen Fälle und Fragen liegt auf eindeutig zu beantwortenden Fragen. Dazu gehören als Quellen neben der Rechtsprechung auch die in der juristischen Literatur einhellig oder mit großer Mehrheit vertretenen Auffassungen. Neben den durch eindeutige Gesetzestexte, eine langjährig gefestigte Rechtsprechung oder eine klare Mehrheitsmeinung in der juristischen Literatur eindeutig zu beantwortenden Fragen gibt es strittige oder offene Rechtsfragen, bei denen Argumente und der Wille zur konstruktiven Konfliktlösung entscheidend sind.

Rechtsanwendung setzt häufig eine Abwägung von Rechtsgütern und Wertungen voraus. Beides soll so transparent wie möglich erfolgen, da nur so Verständnis für andere Auffassungen entsteht und damit die Basis für eine Verständigung und gemeinsame, wenn auch nicht immer einvernehmliche Problemlösungen durch Eltern, Schüler und Lehrer geschaffen wird. Kann keine Einigung erzielt werden und werden unterschiedliche rechtliche Auffassung vertreten, ist es entscheidend, wer das Recht hat, die Entscheidung zu treffen. Das sind in schulischen Angelegenheiten in der Regel die Lehrer und damit gibt es für Eltern einen weiteren Grund, rechtlich zutreffend zu argumentieren und eine einvernehmliche Lösung anzustreben.

Wenn die Schulgesetze Eltern und Lehrer zu vertrauensvoller Zusammenarbeit verpflichten, ist es folgerichtig, wenn auf die Darstellung der Rechte und Pflichten der Lehrer in diesem Buch eine Darstellung der Rechte und Pflichten der Eltern folgt. Die Aufgaben und die Rechte der Lehrer und Eltern ergänzen sich und die Rechtslage ist für beide gleich. Lehrer sollten daher auch das »Elternbuch« und Eltern auch das »Lehrerbuch« lesen.

Im April 2019
Dr. Thomas Böhm

VORBEMERKUNGEN

Eltern und Lehrern ist vieles gemeinsam. Sie teilen auch die Ohnmacht im Großen und die Macht im Kleinen. Sie haben nur wenig Einfluss auf die großen bildungspolitischen Entscheidungen. Eltern und Lehrer müssen mit dem Widerspruch von bildungspolitischen Heilsversprechen und banaler oder wenig verheißungsvoller Realität leben. Die Eltern sind hier die Stärkeren der beiden Schwachen, denn sie sind nicht weisungsgebunden und verfügen über einen vom Einfluss der Schulpolitik freien, privaten Erziehungsbereich. Sie können daher dem Einwirken der Schulpolitik Grenzen setzen.

Die Macht im Kleinen ist der unmittelbare Einfluss auf den Bildungserfolg der Schüler, über den letztlich Eltern und Lehrer entscheiden. Ihr Erfolg wird dabei umso größer sein, je ausgeprägter ihre Übereinstimmung und ihr Wille zur Zusammenarbeit sind.

Ein Ratgeber *Wie verklage ich meine Schule?* oder *Was man Lehrern verbieten kann* wäre unrealistisch und schadete den Schülern. Er würde die rechtlichen Möglichkeiten der Eltern überschätzen, schlüge aber vor allem den falschen, weil dem Wohl unserer Kinder widersprechenden Weg ein. Für den Lernerfolg, die Erziehung und die Sicherheit unserer Kinder und Jugendlichen brauchen Eltern starke Lehrer. Doch die Eltern sollten auch die Rechtslage sowie ihre Rechte und Pflichten kennen, um – zusätzlich zur im besten Fall bestehenden intuitiven Übereinstimmung mit Lehrern – eine tragfähige, rechtsstaatlich legitimierte Grundlage für ein gemeinsames Handeln zu haben, und zwar unabhängig vom sozialen, kulturellen und individuellen Hintergrund. Sosehr Entscheidungs- und Bewertungsspielräume der Lehrer erkannt und anerkannt werden müssen, dürfen Willkür oder anderer Machtmissbrauch nicht geduldet werden. Das entspricht der Aufgabe des Rechts, Machtausübung zu ermöglichen und Machtmissbrauch zu verhindern.

Bei rechtlichen Konflikten sind Lehrer häufig die Stärkeren, beim tatsächlichen Einfluss besteht zumindest eine Pattsituation. Die Verpflichtung der Lehrer zur möglichst guten Gestaltung des Lernprozesses kann die Anstrengung des Lernens nicht aufheben und keinen Bildungswillen schaffen. Eltern und Lehrer können gemeinsam stolz sein auf den Bildungserfolg der Kinder, und bei geringem oder ausbleibendem Erfolg kann weder die eine noch die andere Partei jedwede Verantwortung von sich weisen. Abnehmen kann den Schülern das Lernen letztlich niemand, doch sie sollten von der Schule, den Lehrern und ihren Eltern die bestmögliche Unterstützung erhalten und im Laufe der Zeit zunehmend die Verantwortung für ihren schulischen Erfolg übernehmen.

Das Schulrecht bietet Eltern Lösungen für schulische Alltagsprobleme sowie eine Orientierung in grundsätzlichen Fragen, und die Kenntnis der Rechtslage kann sie vor Fehleinschätzungen bewahren. Die Verantwortung für den schulischen Erfolg ihrer Kinder können Erziehungsberechtigte nicht auf die Lehrer übertragen, sie können sie nur mit Lehrern teilen.

SCHULRECHT UND BILDUNGSPOLITIK

Das Schulrecht unterliegt einem stetigen Wandel. In ihm spiegeln sich bildungspolitische Ziele und Tendenzen wider und daher kann die

Kenntnis der Rechtslage auch Einsichten über die Lösung schulischer Alltagskonflikte hinaus vermitteln. Auch Rechtsnormen, die Eltern, Schülern und Lehrern keine neuen Rechte verleihen oder Pflichten auferlegen, können Aufschluss geben über bildungspolitische Zielsetzungen. Die Formulierung in einem Schulgesetz: »Die Schule hat ihren Unterricht so zu gestalten und die Schülerinnen und Schüler so zu fördern, dass die Versetzung der Regelfall ist« (Paragraf 50 Abs. 3 Satz 1 SchulG NRW) bringt beispielsweise eine Selbstverständlichkeit zum Ausdruck: Wann wären jemals mehr Schüler einer Klasse oder Schule nicht versetzt als versetzt worden? Wann wäre jemals ein einzelner Schüler häufiger nicht versetzt als versetzt worden? Aus dieser Gesetzesnorm können Eltern und Schüler im Einzelfall keinen Anspruch auf Versetzung ableiten, obwohl die Voraussetzungen für eine Versetzung nach der Versetzungsordnung nicht erfüllt sind. Diese scheinbar wirkungs- und sinnlose Norm soll Lehrer unter besonderen Begründungszwang setzen, da sie nicht mehr einfach eine von zwei möglichen Entscheidungen – Versetzung oder Nichtversetzung – anhand der Vorgaben der Versetzungsordnung treffen, sondern mit einer Nichtversetzung von der Regel abweichen, und jede Abweichung von der Regel bedarf einer besonderen Rechtfertigung.

Normen dieser Art sind keineswegs wirkungslos: Sie beeinflussen die Anwendung des Rechts und das pädagogische Handeln, indem sie Erwartungen wecken, Verpflichtungen durchblicken lassen und Entscheidungstendenzen vorgeben.

Eltern und Schüler könnten versucht sein zu meinen, eine Verminderung der Leistungsanforderungen schade vielleicht der Qualität des Schulwesens, könne für sie aber durchaus von Vorteil sein. Das gilt sicher nicht für Schüler, in deren Lerngruppe das Gesamtniveau sinkt, und auch nicht für die unrealistisch gut bewerteten Schüler, denen die Illusion eines Lernerfolgs statt eines realen Lernerfolgs vermittelt wird.

Die gesetzlichen Vorgaben suggerieren teilweise eine vorrangige Verpflichtung der Lehrer und der Schule, heben aber die gesetzlichen Pflichten der Eltern und Schüler zur Zusammenarbeit mit den Lehrern nicht auf. Gesetzliche Vorgaben wie die Verpflichtung zur individuellen Förderung, dem Erstellen von Förderplänen bei drohender Nichtversetzung und der Festlegung der Versetzung als Regelfall suggerieren eine weitreichende Verantwortung der Lehrer für den Lernerfolg der Schüler, die Eltern zu der Fehleinschätzung verleiten kann, auf ihre Anstrengungen und die ihres Kindes komme es nicht entscheidend an. Auf diesem Weg wird der Lernerfolg nicht gefördert, sondern verhindert.

Entscheidend für den Lern- und Bildungserfolg der Schüler sind nicht die Schulausstattung, die Digitalisierung oder die Schulentwicklung, obwohl sie in der öffentlichen Diskussion im Vordergrund stehen und nicht vernachlässigt werden dürfen, sondern die Eltern. Die wichtigste Grundlage für die Lösung fundamentaler Probleme des Schulwesens besteht nicht in Geld, sondern in der Unterstützung durch die Eltern. Teil der Lösung und nicht Teil des Problems sind Eltern, wenn sie ihre eigenen Rechte und Pflichten und die ihres Kindes kennen und nicht vorrangig nach Ansprüchen suchen, die sich dann häufig als nicht so weitreichend herausstellen wie erhofft. Eltern und Lehrer, die sich ganz auf die Suche nach eigenen Rechten und den Pflichten der anderen konzentrieren, suchen das Trennende und können schwerlich vertrauensvoll im Interesse der Kinder zusammenarbeiten. Erst die Frage nach dem ausgewogenen Verhältnis der eigenen Pflichten und der Pflichten anderer sowie den eigenen Rechten und denen der anderen verbindet und ermöglicht es, das gemeinsame Ziel anzustreben: das Wohl der Schüler.

Bildungspolitik, wissenschaftliche Pädagogik und die Öffentlichkeit streiten seit Jahrzehnten heftig über Schulformen, die Ausstattung von Schulen, Unterrichtsmethoden, Lehrerausbildung und die Einstellung von Schulsozialarbeitern und Schulpsychologen, wenn Vergleichsstudien schlechte Schülerleistungen belegen oder Gewalttaten von Schülern öffentlich bekannt werden. Eltern kommen in dem langjährigen Drama »Unsere Schulen sind nicht gut genug« allenfalls als Statisten vor, da die Anerkennung ihrer Rolle als Hauptdarsteller neben Schülern und Lehrern dem Anspruch der Bildungspolitik widerspräche, sie könne mit Geld und Reformen Entscheidendes ändern, und den Pädagogen schmerzlich ihre begrenzten Einflussmöglichkeiten bewusst machte. Für Lehrer wäre es andererseits entlastend, von dem Anspruch befreit zu sein, die alleinige Verantwortung für den Bildungserfolg der Schüler übernehmen zu müssen. Teilen der Politik und der Schulaufsicht kämen damit aber auch die Sündenböcke abhanden.

HELIKOPTERELTERN UND U-BOOT-ELTERN

Beim Thema Eltern und Schule fällt häufig zuerst das Stichwort »Helikoptereltern«. Die große mediale Aufmerksamkeit für Helikoptereltern könnte ihren Grund in der hervorragenden Eignung zur Ablenkung von den weit schwerwiegenderen Problemen in der Zusammenarbeit mit Eltern haben, die sich kaum oder gar nicht um den Schulerfolg ihrer Kinder kümmern. Probleme, die Bildungspolitiker und Medien nur ungern ansprechen, da sie auf zugrunde liegende, negative gesellschaftliche Zustände hinweisen, denen der Staat gewollt oder ungewollt weitgehend machtlos gegenübersteht.

Helikoptereltern mögen die Nerven der Lehrer durch ihre Überfürsorge, ihre Erfolgserwartungen und ihre Fixierung auf das eigene Kind strapazieren, sind aber an ihren Kindern und deren schulischem Erfolg interessiert. Sie verstehen ihre Rechtsbeziehung zur Schule vor allem als individuellen Anspruch auf optimale Unterrichtung, Erziehung, Beaufsichtigung und Betreuung ihres Kindes, mit jederzeitiger elterlicher Eingriffsbefugnis. Sie betonen und überschätzen ihre Rechte, sind aber durchaus im Interesse ihres Kindes zur Erfüllung von Pflichten bereit.

U-Boot-Eltern, die den Kontakt zur Schule meiden, ihre Kinder nicht unterstützen, in schulischen Angelegenheiten zwar abtauchen, wenn es um ihre Pflichten geht, aber durchaus mit Beschwerde- und Widerspruchstorpedos schießen, wenn der Lern- und Erziehungserfolg ausbleibt, sind weit schwerer zur Erfüllung ihrer Pflichten zu bewegen. Ihr Elternrecht sehen sie als Serviceanspruch, den die Lehrer ohne Mitwirkung der Eltern zu erfüllen haben.

Das Schulrecht bietet Schutz gegen unbegründete, nur der Behinderung schulischen Handelns dienende Beschwerden und Widersprüche, es beschränkt sich aber nicht auf die Eindämmung oder Verhinderung destruktiven Verhaltens. Es fordert die Zusammenarbeit der Eltern mit der Schule, erkennt die große Bedeutung der Eltern für den Bildungsprozess an und bietet den Eltern, von denen die wenigsten Helikopter- oder U-Boot-Eltern sind, ein ausgewogenes Verhältnis von Rechten und Pflichten. Dabei stellt es die Schüler als gemeinsamen Bezugspunkt des Handelns der Eltern und Lehrer in den Mittelpunkt.

ELTERNRECHTE UND ELTERNPFLICHTEN

Mit dem Schüler als Mittelpunkt der Bemühungen von Eltern und Lehrern ist die gleiche Zielgerichtetheit des Eltern- und Lehrerhandelns, nicht aber der Zweck der Schule umfassend beschrieben. Zahlreiche Eltern und Lehrer neigen dazu, Schule vorrangig als eine im Interesse der Schüler existierende und an den Wünschen der Schüler orientierte Einrichtung anzusehen. Allein mit den Bedürfnissen und dem Wohl der Schüler kann Schule als staatliche Institution nicht begründet und ihr Auftrag nicht definiert werden. Die Schule dient zwar zweifellos auch der Persönlichkeitsentfaltung und der gesellschaftlichen Teilhabe der Schüler, verfolgt aber zugleich von den Wünschen und Interessen der Eltern und Schüler unabhängige gesellschaftliche und staatliche Ziele. Ist der gesellschaftliche und staatliche Auftrag der Schulen Eltern und Lehrern in vollem Umfang bewusst, werden Auseinandersetzungen versachlicht und erhöht sich die Akzeptanz für die Sichtweise des jeweils anderen. Eltern verstehen schulische Entscheidungen besser. Beispielsweise ist bei einer Ordnungsmaßnahme nicht nur die Auswirkung auf den betroffenen Schüler wichtig, sondern auch die Sicherung der schulischen Ordnung. Im Unterricht kommt es nicht auf das Interesse des Schülers an den Inhalten, sondern auf die staatlichen Vorgaben an, und bei der Leistungsbewertung sind nicht die subjektiven Anstrengungen, sondern die staatlichen Anforderungen der Maßstab.

Sind sich Lehrer in vollem Umfang des Eingriffs- und Zwangscharakters der Schule bewusst, bringen sie mehr Verständnis für Kritik und Einwände der Eltern und Schüler auf. Verstehen Eltern die Schule als staatliche Institution und nicht als Dienstleistungsunternehmen für ihre Kinder, machen sie Lehrer seltener persönlich für Entscheidungen verantwortlich und urteilen ausgewogener.

Elternrechte stellen keine Bedrohung für Lehrer dar. Sie sind keine Ansammlung von Ansprüchen, die Lehrer zu erfüllen haben, sondern Rechte, die zum Wohl der Kinder wahrgenommen werden müssen. Lehrer, die nicht nur die tatsächliche Bedeutung der Eltern, sondern auch deren rechtliche Stellung in der Schule als Partner mit eigenen Rechten und Pflichten unterschätzen oder sogar ignorieren, erschweren sich die Arbeit und den Schülern den Bildungserfolg.

Wer vorrangig in gegensätzlichen Interessen und durchzusetzenden Rechtsansprüchen denkt, wird bei der Lektüre enttäuscht feststellen, dass sie als Konfliktursachen und Konfliktlösungen keineswegs verschwiegen werden, aber weder Weg noch Ziel dieses Buchs sind. Klingt das nach dem Wunsch als Vater des Gedankens? Wünsche und Appelle können helfen, sind aber nicht Gegenstand des Schulrechts. Ziele des Schulrechts sind Handlungssicherheit, Konfliktvermeidung und Konfliktlösung. Eltern, die ihre rechtliche Stellung in der Schule kennen, werden konfliktlösungsfähiger und vermeiden unnötige oder sinnlose Konflikte. Rechtlich handlungssichere Eltern helfen ihren Kindern und den Lehrern.

VERTRAUENSVOLLE ZUSAMMENARBEIT

Das Schulrecht klärt Rechte und Pflichten unabhängig vom Wollen der Beteiligten, ist aber wie jedes Recht auf den guten Willen angewiesen. Einen guten Willen, dessen Fundament im Schulrecht sogar eine gesetzliche Verpflichtung ist, da die Schulgesetze die Eltern zur vertrauensvollen Zusammenarbeit mit den Lehrern verpflichten.

Die Wirksamkeit des Schulrechts beruht auf der Akzeptanz durch Eltern, Schüler und Lehrer als einem für alle geltenden Regelwerk und als Grundlage eines angemessenen Interessenausgleichs. Letztlich beruht die Wirksamkeit des Rechts auf gemeinsamen Wertvorstellungen, eingeübten Verhaltensweisen, Einsicht und seiner Durchsetzungskraft gegen Widerstände. Die Akzeptanz des Rechts ist nicht einfach vorhanden oder fehlt, sondern wird beim Fehlen einer intuitiven, familiär und sozial vermittelten Übereinstimmung entscheidend gefördert durch die Bereitschaft zu regelgeleiteter, rationaler Konfliktlösung, das Verständnis für die Begründetheit rechtlicher Regelungen und die Bereitschaft des Staates, das geltende Recht durchzusetzen.

Das gilt generell, ist aber in der Schule von herausragender Bedeutung. Wie sollen die Bürger die Rechtsordnung akzeptieren und demokratisch mitgestalten, wenn sie als Heranwachsende von ihren Eltern und in der Schule nicht gelernt haben, ihre Interessen und Bedürfnisse nicht rücksichtslos durchzusetzen, sondern im Rahmen des für alle Eltern, Schüler und Lehrer gleichermaßen geltenden Schulrechts geltend zu machen? Die Eltern haben dabei eine doppelte Aufgabe. Sie schaffen vor der Schule und unabhängig von der Schule die Voraussetzungen für den Respekt vor den Rechten anderer, soziales Verhalten und intellektuelle Einsichtsfähigkeit und sie ergänzen und unterstützen den schulischen Bildungsprozess. Aufgaben der Eltern sind also die Vorbildung und die Mitbildung ihrer Kinder.

RECHTSANWENDUNG

Die Akzeptanz des Rechts schließt Konflikte nicht aus, sondern zeigt sich erst in Entscheidungs- und Konfliktsituationen: Rechtstreue beweist sich vor allem in der Befolgung von Regeln, die man sich anders wünschen würde. Das Rechtsbewusstsein der Eltern und Schüler, das durch die Vermittlung schulrechtlicher Kenntnisse angestrebt wird, besteht nicht in Resignation oder Unterordnung, sondern soll unnötige Konflikte vermeiden, der Vergewisserung der Rechtmäßigkeit schulischen Handels dienen und bei der Durchsetzung eigener Interessen eine Entscheidung auf der Grundlage des Rechts und damit einer geordneten, rationalen Konfliktlösung ermöglichen.

Die Haltung, aus der heraus Recht angewandt wird, ist umso wichtiger, als nicht jede Zweifelsfrage eindeutig beantwortet werden kann.

Eltern und Lehrer sollten nicht vorrangig fragen, welche Ansprüche und Rechte sie haben, sondern wie sie ihre Rechte und Ansprüche so wahrnehmen können, dass sie den Bildungserfolg der Schüler bestmöglich fördern.

1 ELTERNRECHT

Viele Eltern sehen ihr Verhältnis und das ihrer Kinder zur Schule als das zweier Herrschaftsbereiche: Zu Hause haben die Eltern recht und Rechte, in der Schule die Lehrer. Verbunden werden die beiden Sphären durch die Befürchtungen oder Ansprüche der Eltern. Betrachten Eltern die Schule vor allem als staatliche Institution, befürchten sie Eingriffe in ihre Rechte und die ihrer Kinder, die es möglichst abzuwehren gilt. Sehen Eltern die Schule vorrangig als Dienstleistungsunternehmen, erheben sie weitreichende Ansprüche. Beide Grundhaltungen verkennen das Elternrecht und die Rechte der Schüler in der Schule. Sie erfassen aber jeweils einen Aspekt des Rechtsverhältnisses der Eltern zur Schule und zeigen das Interesse der Eltern an ihren Kindern und deren schulischer Bildung.

GEMEINSAME ERZIEHUNGSAUFGABE

Eltern, die eine Abwehrhaltung der Schule gegenüber einnehmen, nehmen die rechtlich starke Stellung der Schule und der Lehrer wahr, verkennen aber ihre eigene verfassungs- und schulrechtliche Stellung im Verhältnis zur Schule. Das Elternrecht ist nicht vorrangig ein Abwehrrecht gegen die Schule, sondern eine Verpflichtung zur vertrauensvollen Zusammenarbeit mit der Schule.

Das Elternrecht ist ein Grundrecht: »Pflege und Erziehung der Kinder sind das natürliche Recht der Eltern und die zuvörderst ihnen obliegende Pflicht« (Art. 6 Abs. 2 GG). Es unterscheidet sich von allen anderen Grundrechten durch seinen Doppelcharakter als Recht und Pflicht. Wie ungewöhnlich ein Grundrecht als Pflicht ist, wird bei der Umformulierung anderer Grundrechte im Sinne einer Pflichtbindung deutlich: »Jedermann hat das Recht *und die Pflicht*, seine Meinung frei zu äußern.« Das klingt nicht nur merkwürdig, sondern nähme den Bürgern auch die Freiheit zu entscheiden, ob sie ihre Meinung kundtun wollen, und würde eine »Bekenntnispflicht« einführen, wodurch die Freiheit der Meinungsäußerung vernichtet würde, zu der wesentlich gehört, seine Meinung zu einem Thema nicht zwingend äußern zu müssen.

Die im Grundrechtskatalog einmalige Verbindung von Recht und Pflicht beruht auf der ebenfalls einmaligen Situation eines Grundrechts, das nicht vorrangig der Freiheit und Selbstverwirklichung des Grundrechtsträgers selbst, sondern dem Wohl eines Dritten dient: Das Elternrecht dient dem Wohl des Kindes.

Neben den Eltern hat auch der Staat in Gestalt der Schule einen eigenen, ebenfalls im Grundgesetz gewährleisteten Erziehungsauftrag: »Das gesamte Schulwesen steht unter der Aufsicht des Staates« (Art. 7 Abs. 1 GG). Dieser schulische Erziehungsauftrag wird nach der Rechtsprechung des Bundesverfassungsgerichts nicht von den Eltern auf den Staat übertragen, sondern ist dem elterlichen Erziehungsrecht gleichgeordnet (BVerfG, Az.: 1 BvR 95/71).

Das Erziehungsrecht der Eltern und das des Staates können also nicht unverbunden nebeneinander existieren, mit der Zuständigkeit der Eltern für das private Leben und der Zuständigkeit des Staates für die Schule, da die Persönlichkeit eines Kindes nicht aus einem privaten und einem schulischen Teil besteht. Eltern und Lehrer müssen also bei der Verwirklichung der Bildungs- und Erziehungsziele partnerschaftlich zusammenwirken, wie es die Schulgesetze ausdrücklich vorschreiben und wie es das Bundesverfassungsgericht in ständiger Rechtsprechung betont: »Diese gemeinsame Erziehungsaufgabe von Eltern und Schule, welche die Bildung der eigenen Persönlichkeit des Kindes zum Ziel hat, lässt sich nicht in einzelne Kompetenzen zerlegen. Sie ist in einem sinnvoll aufeinander bezogenen Zusammenwirken zu erfüllen« (BVerfG, Az.: 1 BvR 95/71).

Eltern und Lehrer schulden dem Kind, wie das Bundesverfassungsgericht in ständiger Rechtsprechung betont und die Schulgesetze es ausdrücklich vorschreiben, eine vertrauensvolle Zusammenarbeit, da grundsätzliche Differenzen das Kind in unlösbare Konflikte stürzen und den Erziehungserfolg vermindern oder sogar verhindern können. Das gilt nicht nur für die Erziehung, sondern auch für den Unterricht, da der Lernerfolg ohne Unterstützung der Eltern gering bleiben wird.

Eltern- und Lehrerrechte sind dabei keine widerstreitenden Rechte, sondern komplementäre oder übereinstimmende Pflichten, weil die Eltern die Entwicklungsrichtung des Kindes einschließlich der religiösen und weltanschaulichen Erziehung und der Wahl des Bildungsgangs, die nur wenige Länder beschränken, prägen, während der Staat die erforderlichen schulischen Qualifikationen, die Qualifizierung für das Berufsleben und die staatsbürgerliche Bildung dominiert. Eltern und Staat sind dabei zur Zusammenarbeit zum Wohle der Schüler verpflichtet.

IST DAS MEIN KIND ODER IHRES?

Nicht nur eine grundsätzliche Abwehrhaltung der Erziehungsberechtigten verstößt gegen die auf dem Elternrecht beruhende Elternpflicht zur vertrauensvollen Zusammenarbeit, sondern auch eine Anspruchshaltung, die Schulen für Dienstleistungsunternehmen hält. Verweigert die Abwehrhaltung vor allem das Vertrauen, verweigert die Anspruchshaltung vor allem die Mitarbeit.

Die Frage: »Ist das mein Kind oder Ihres?« spiegelt – je nachdem, von wem sie in welcher Absicht gestellt wird – alle Facetten der Beziehung der Eltern zur Schule und zu ihrem Kind wider. Stellen Lehrer Eltern diese Frage, kann das ein Hinweis auf die Anomalie sein, dass ein Lehrer, der sein Geld damit verdient, die Kinder anderer zu erziehen und zu unterrichten, einen größeren persönlichen Einsatz und eine tiefere emotionale Betroffenheit zeigt als die Eltern. Die Frage kann auch die Aufforderung an die Eltern sein, ihre starke Stellung zu nutzen und einen Erfolg zu erreichen, den Lehrer nicht erreichen können. Richten Eltern diese Frage an Lehrer, kann sie der Zurückweisung unzulässig weitreichender Einwirkungen dienen. Lehrer, die Vorgaben für die Ernährung machen (»Regelmäßig Brokkoli stärkt die Konzentrationsfähigkeit«), Freizeitaktivitäten kritisieren (»Die Mitgliedschaft in einem Kampfsportverein verträgt sich nicht mit der Erziehung zu friedlicher Konfliktlösung«) oder in Persönlichkeitsfragen eingreifen (»Schmuck ist bei einem Mädchen schön und gut, aber nicht so viel«), überschreiten ihre Kompetenzen.

Allein die Frage – »Ist das mein Kind oder Ihres?« – ist jedoch schon ein Grund für vorsichtige Zuversicht, da sie ein Gespräch und die gemeinsame Bezugnahme auf das Kind voraussetzt. Ihre größte Ohnmacht erleben Lehrer und Eltern, wenn dem jeweils anderen das Interesse an ihrem Kind überhaupt oder an dessen schulischem Erfolg fehlt.

Die Rechte der Lehrer sind bei genauerer Betrachtung Pflichten, die sie den Schülern gegenüber zu erfüllen haben. Daher nutzen Lehrer, die Gebrauch von ihrer rechtlich starken Stellung machen, den Schülern und Eltern. Ihre Pflichten den Schülern gegenüber können Lehrer aber nur unzureichend ohne die vertrauensvolle Zusammenarbeit mit den Eltern erfüllen. Die Eltern sind dabei keine Erfüllungsgehilfen, sondern Partner. Das Elternrecht ist nicht auf den privaten Bereich beschränkt und es schwächt die Schule nicht. Mit den Rechten der Eltern verhält es sich wie mit den Rechten der Lehrer. Eltern, die ihre Rechte wahrnehmen, nutzen den Schülern und

Lehrern, da das Elternrecht im Kern aus der Verantwortung für die Kinder und Pflichten gegenüber den Kindern besteht.

SCHULGEMEINSCHAFT

Die Rechtsbeziehung zwischen Eltern, Schülern und Lehrern ausschließlich als ein Verhältnis von Rechten und Pflichten einzelner Eltern und Schülern auf der einen und den Lehrern auf der anderen Seite zu sehen, verkennt die große Bedeutung der anderen Eltern und Schüler für diese Rechtsbeziehung. Die Schule ist eine Gemeinschaft. Das bedeutet, die Wünsche, Bedürfnisse und Rechte einzelner Schüler und Eltern werden nicht nur durch die Lehrer begrenzt, sondern vor allem durch die Wünsche, Bedürfnisse und Rechte der anderen Schüler und Eltern.

Die Lehrer sind verpflichtet, die Rechte *aller* Eltern und Schüler in der Schule gleichermaßen zu beachten. Die wichtigsten Rechtsgrundlagen zur Erfüllung dieses Auftrags sind der Anspruch auf Gleichbehandlung und der Anspruch auf Schutz durch die Schule. Eltern können also beispielsweise nicht fordern, dass der Lehrer ihrem Kind für dieselbe Leistung eine bessere Note geben soll als einem Mitschüler, da alle Schüler einen Anspruch auf Gleichbehandlung bei der Bewertung ihrer Leistungen haben. Schlägt ein Schüler zum Beispiel einen Mitschüler, muss die Schule das Opfer schützen und gegen diesen Eingriff in dessen Recht auf körperliche Unversehrtheit vorgehen. Hinter zahlreichen Konflikten zwischen der Schule und den Eltern verbergen sich Konflikte zwischen Schülern, deren Lösung die Schule nicht den Eltern oder Schülern überlassen darf. Die Eltern eines benachteiligten oder geschädigten Kindes haben der Schule gegenüber ein Recht auf Schutz. Dieses Recht einzufordern, schwächt die Schule nicht, sondern stärkt sie. Die Schule kann die Eltern des schlagenden Schülers fragen, ob sie die Forderung der Eltern des geschlagenen Schülers nach Schutz durch die Schule für unberechtigt halten und selbst nicht erheben würden. Bei einer Überprüfung der schulischen Maßnahme durch die Schulaufsicht stärkt ein Hinweis auf die Stellungnahme der Eltern des geschlagenen Schülers die schulische Position.

Fehlt eine Übereinstimmung der Eltern und der Schule beim richtigen Weg zum gemeinsamen Ziel, sind für die Konfliktlösung die jeweilige Zuständigkeit und vor allem eine konstruktive Absicht entscheidend.

> *Bei einer Elternversammlung der Grundschulklasse wies die Lehrerin auf Folgendes hin: Die Eltern sollten zwar Interesse an den Hausaufgaben zeigen, den Kindern aber nicht helfen, insbesondere sollten sie in den Texten keine Rechtschreibfehler korrigieren, da das die Kreativität und Lernfreude der Schüler beeinträchtige.*

Die Unterstützung bei den Hausaufgaben und die beste Art des Schriftsprachenerwerbs werden seit vielen Jahren pädagogisch kontrovers diskutiert. Die Eltern können daher sachliche Gründe für ihre Entscheidung anführen. Eltern, die Ratschläge ignorieren, verstoßen demnach weder gegen das Wohl des Kindes noch gegen ihre Pflicht zur vertrauensvollen Zusammenarbeit mit der Schule. Der Lehrerin wird eine ihr richtig erscheinende Unterrichtsgestaltung, die den rechtlichen Vorgaben entspricht, nicht unmöglich gemacht, und die Eltern können sich auf ihr Recht berufen zu entscheiden, wie ihr Kind zu Hause lernt. Eltern dürfen ihre eigene Lernwelt schaffen. In der Schule entscheiden die Lehrer über die Methode, zu Hause die Eltern.

Die Verpflichtung zur vertrauensvollen Zusammenarbeit stellt kein Verbot von Meinungsverschiedenheiten und Konflikten dar, sondern besteht im Vertrauen auf den guten Willen des jeweils anderen, zum Wohl des Kindes zu handeln, in der fortbestehenden Gesprächsbereitschaft und der Akzeptanz einer unerwünschten, aber rechtmäßigen Entscheidung.

»Grüß Gott«, begrüßte ein Schüler seine Lehrer und Mitschüler. Ein Lehrer verbot ihm den Gruß, da die Gesamtkonferenz/Schulkonferenz beschlossen habe, es sei alles zu unterlassen, was die Gefühle anderer verletzen könne, und der Gruß könne die Gefühle nicht religiöser oder nicht christlicher Menschen verletzen.

Welche der regional allgemein üblichen Grußformeln ein Schüler verwendet, ist seine Entscheidung und entspricht in der Regel der elterlichen Erziehung. Die Rücksichtnahme auf die Gefühle anderer gehört zum schulischen Erziehungsauftrag. Einen Eingriff in das Erziehungsrecht der Eltern und die freie Entfaltung der Persönlichkeit des Schülers kann nur eine plausibel nachvollziehbare, nicht unerhebliche Gefühlsverletzung rechtfertigen, die in diesem Fall offensichtlich nicht vorliegt. Der Lehrer hat aus dem Konferenzbeschluss rechtswidrige Konsequenzen gezogen. Hätte der Konferenzbeschluss den Gruß »Grüß Gott« ausdrücklich verboten, wäre auch dieser rechtswidrig, da er die Grenzen des schulischen Erziehungsauftrags überschritte.

VEREINBARUNGEN

Das Verhältnis der Eltern und Schüler zur öffentlichen Schule beruht nicht auf einem Vertrag, sondern auf Gesetzen. Eltern schließen einen Vertrag mit einer Betreuungseinrichtung, die von den Kindern nach Unterrichtsschluss besucht wird, aber nur äußerst selten mit der öffentlichen Schule. Selbst mit der Unterschrift unter die Erklärung, die Kosten für eine Klassenfahrt zu übernehmen, wird kein zivilrechtlicher Vertrag, sondern ein öffentlich-rechtlicher Vertrag geschlossen (VG Braunschweig, Az.: 6 A 149/04).

Zu den seltenen vertraglichen Vereinbarungen, deren Inhalt und Verbindlichkeit nicht auf einem Gesetz, sondern auf den Willenserklärungen der Eltern und Lehrer beruhen, zählt die medikamentöse oder medizinische Versorgung von Schülern. Dazu sind die Lehrer gesetzlich nicht verpflichtet, können diese Aufgabe aber in einer Vereinbarung mit den Eltern als Rechtspflicht übernehmen, etwa bei der Überwachung der Medikamenteneinnahme während einer Klassenfahrt.

Trotz dieser Rechtslage ist an Schulen häufig von Vereinbarungen – juristisch ein anderes Wort für Vertrag – zwischen Lehrern und Schülern oder Eltern die Rede.

Häufig nicht gemachte Hausaufgaben waren der Grund, warum ein Lehrer den Eltern eines Schülers der 6. Klasse eine schriftliche Vereinbarung vorschlug. Die Eltern sollten zusichern, die Hausaufgaben zu kontrollieren, und der Lehrer versprach, die Eltern über nicht gemachte Hausaufgaben unverzüglich zu informieren.

Schriftliche Absprachen, die von Eltern und Lehrern als »Vereinbarung« bezeichnet werden, haben keinen Vertragscharakter. Bei dieser Hausaufgabenvereinbarung handelte es sich also lediglich um die Verdeutlichung und Präzisierung ohnehin bestehender gesetzlicher Verpflichtungen, die in einigen Schulgesetzen ausdrücklich vorgesehen sind. Das gilt auch für mit einer Klasse vereinbarte Klassenregeln, deren Geltung nicht auf einer Vereinbarung zwischen Lehrern und Schülern beruht, sondern auf dem Schulgesetz. Die Klassenregeln dienen allenfalls der Konkretisierung gesetzlicher Verpflichtungen. Aus dem gesetzlichen Verbot, den Unterricht zu stören, und der gesetzlichen Verpflichtung, sich aktiv am Unterricht zu beteiligen, wird dann: »Wir rufen nicht dazwischen und melden uns.« Jede Konkretisierung ist klarer, aber zu eng, um alle möglichen Fälle zu erfassen. Sie ist auch deshalb kein Ersatz für die gesetzliche Grundlage.

Der fehlende Vertragscharakter tritt offen zutage, wenn eine Seite die Vereinbarung ablehnt oder nicht vom Gesetz gedeckte Inhalte vorschlägt.

Einmal im Monat freitags für eine Wochenendfahrt beurlaubt zu werden, so lautete die Bedingung der Eltern für ihre schriftliche Zusicherung, regelmäßig Vokabeln abzufragen und den Lernprozess selbst oder durch Nachhilfelehrer zu unterstützen.

Die grundsätzliche Verpflichtung der Eltern, den Lernprozess des Kindes zu unterstützen – in welchem Ausmaß und welcher Form entscheiden die Eltern –, beruht auf dem Elternrecht und den Schulgesetzen (zum Beispiel »Eltern sorgen dafür, dass ihr Kind seine schulischen Pflichten erfüllt« Paragraf 42 Abs. 4 Satz 2 SchulG NRW). Sie besteht also auch, wenn die Eltern die Vereinbarung nicht unterschreiben, und mit einer Unterschrift entsteht keine Rechtspflicht, Vokabeln abzufragen oder einen Nachhilfelehrer zu engagieren. Eine Beurlaubung als Gegenleistung für eine besondere Unterstützung des Schülers beim Lernen durch die Eltern darf nicht vereinbart werden, da eine Beurlaubung in jedem Einzelfall geprüft werden muss und keine Belohnung für die Förderung des Lernerfolgs durch die Eltern sein darf.

Die Schulgesetze der meisten Länder sehen Bildungs- und Erziehungsvereinbarungen vor, in denen die Schule, die Schüler und Eltern sich auf gemeinsame Ziele verständigen und wechselseitige Rechte und Pflichten festlegen. Das geschieht entweder im Rahmen der vorgegebenen gesetzlichen Rechte und Pflichten oder bezieht sich auf Handlungen vorwiegend in der Erziehung, zu denen die Eltern, Schüler oder Lehrer sich nur freiwillig verpflichten können. So könnten Eltern zusagen, ihr Kind wegen eines Fehlverhaltens in der Schule in seiner Freizeit eine gewisse Zeit lang in einer gemeinnützigen Einrichtung arbeiten zu lassen oder nach einem Drogenkonsum in der Schule eine Therapie zu beginnen. Derartige Zusagen sind aber keine einklagbaren Verträge. Sie stärken die Zusammenarbeit und sind von der Schule bei eigenen einseitig möglichen Entscheidungen zu berücksichtigen. Eine Entlassung von der Schule wegen

Drogenkonsums in der Schule könnte beispielsweise unverhältnismäßig sein, wenn die Eltern schriftlich eine Therapie zusichern. Vereinbarungen zwischen Lehrern, Eltern und Schülern können ein gutes Mittel der Zusammenarbeit sein, indem durch sie in Gesetzen sehr allgemein formulierte Rechte und Pflichten konkretisiert werden. Lehrer, Eltern und Schüler werden so zu aktiven Partnern bei der Erfassung und Lösung von Problemen. Entscheidend ist dabei das Bewusstsein, auf gesetzlicher Grundlage und dem Geist der gesetzlichen Verpflichtung zur vertrauensvollen Zusammenarbeit entsprechend zu handeln. Allen Beteiligten wird dabei schnell deutlich werden, »wes Geistes Kind« der jeweils andere ist.

INFORMATIONS- UND MEINUNGSFREIHEIT

Eltern können sich in allen schulischen Angelegenheiten an die Lehrer wenden und um Informationen bitten. Ihr Erziehungsrecht können die Eltern nur auf der Grundlage schulischer Informationen wahrnehmen, so wie die Lehrer auf eine gute Information durch die Eltern angewiesen sind. Die Schulgesetze verpflichten daher Lehrer und Eltern zu gegenseitiger Information. Eine Auskunft dürfen Lehrer nur in Ausnahmefällen mit sachlicher Begründung verweigern. Das gilt vor allem bei sehr umfangreichen, ungewöhnlich häufigen, sinnlosen oder schikanösen Informationsansprüchen, etwa der Forderung, jeden Tag persönlich per Mail über Hausaufgaben informiert zu werden, oder detaillierte schriftliche Informationen zu Unterrichtsmethoden, Unterrichtsinhalten und den Kriterien der Leistungsbewertung zu erhalten (OVG Niedersachsen, Az.: 2 ME 451/12). Den Zeitpunkt der Information bestimmen die Lehrer, da Eltern ihnen nicht vorschreiben können, zu welcher Zeit sie welche ihrer dienstlichen Pflichten zu erfüllen haben. Selbstverständlich muss ein von Lehrern vorgeschlagener Zeitpunkt für Eltern zumutbar sein wie auch ein von Eltern gewünschter Zeitpunkt den Lehrern.

Lehrer sind verpflichtet, Eltern unaufgefordert über alle für den Bildungsweg und die Erziehung wichtigen Ereignisse und Beobachtungen zu informieren, »... deren Verschweigen die Ausübung des individuellen elterlichen Erziehungsrechts beeinträchtigen könnte« (BVerfG, Az.: 1 BvR 845/79). Dazu gehören zum Beispiel sich plötzlich verschlechternde Leistungen, gravierende Verhaltensänderungen oder Drogenkonsum.

HÖCHSTPERSÖNLICHES RECHT

Der Elternsprechtag beruht auf dem Informationsrecht der Eltern und soll sie zur Zusammenarbeit mit der Schule befähigen. Das Informationsrecht ist ein höchstpersönliches Recht. Die Eltern können also keine andere Person wie einen Rechtsanwalt oder Verwandten mit dessen Wahrnehmung beauftragen. Wollen sie in Begleitung einer weiteren Person informiert werden, kann diese Person zwar von den Lehrern zum Gespräch zugelassen werden, wenn sie zum Beispiel als Dolmetscher fungieren soll, sie kann aber auch abgelehnt werden, da sie kein gesetzliches Recht zur Teilnahme am Elternsprechtag hat. Die Gesetze und Vorschriften verpflichten die Lehrer, »die Eltern« zu informieren (zum Beispiel »Eltern ... sind in allen grundsätzlichen und wichtigen Schulangelegenheiten zu informieren und zu beraten« Paragraf 44 Abs. 1 SchulG NRW), und beschränken das Informationsrecht damit auf diese.

Beim Elternsprechtag verweigerte die Lehrerin die Teilnahme des Schülers, den seine Eltern mitgebracht hatten, damit er unmittelbar zu Äußerungen der Lehrerin Stellung nehmen konnte.

Die Eltern können die Teilnahme ihres Kindes an dem Gespräch nicht gegen den Willen der Lehrerin durchsetzen. Lehnt die Lehrerin die Teilnahme des Kindes ab, genügt es nicht, zur Begründung darauf hinzuweisen, dass der Wortlaut der Gesetze und Vorschriften kein Teilnahmerecht verleiht. Das Gesetz verbietet eine Teilnahme auch nicht, sodass die Lehrerin das Kind zu dem Gespräch zulassen dürfte. Zur Begründung könnte die Lehrerin auf Gesprächsinhalte verweisen, die offen und problemlösend nur bei Abwesenheit des Kindes besprochen werden können.

Mit ihren schlechten Sprachkenntnissen begründeten Eltern ihren Wunsch, einen Verwandten als Dolmetscher zum Gespräch über ein Fehlverhalten des Kindes mitzubringen. Die Schulleiterin stimmte zu, gewann aber schnell den Eindruck, der angebliche Dolmetscher rede wesentlich länger als die Eltern. Er schien kein Übersetzer, sondern eine Art Bevollmächtigter zu sein. Sie ermahnte den »Dolmetscher« nach kurzer Zeit, nur zu übersetzen und keine eigenen Stellungnahmen abzugeben. Als der vermeintliche Dolmetscher sich weigerte, forderte sie ihn auf, den Raum zu verlassen.

Die Schulleiterin durfte dem angeblichen Dolmetscher die weitere Teilnahme am Gespräch untersagen. Haben Lehrer das Kind oder eine dritte Person zum Gespräch zugelassen und beeinträchtigt diese Person das Gespräch, statt es zu fördern, kann sie durch den Widerruf der Erlaubnis vom weiteren Gespräch ausgeschlossen werden.

ELTERNGREMIEN

Über die Personalausstattung, die Anzahl der Inklusionsschüler, ihre Verteilung auf die Jahrgangsstufen und die Art des Förderbedarfs sollte die Schulleiterin auf Beschluss der Schulelternvertretung berichten. Die Schulleiterin teilte mit, sie könne wegen ihrer Verschwiegenheitspflicht die Eltern nicht informieren.

Die Schulelternvertretung als höchstes Elterngremium der Schule hat nach den Schulgesetzen der Länder das Recht, über alle wichtigen Angelegenheiten der Schule zu beraten, und einen Anspruch auf die erforderlichen Informationen. Die angefragten Informationen im Fallbeispiel waren erforderlich, da ohne sie einer Erörterung der Personalausstattung und der Inklusion die Tatsachenbasis fehlte. Am Datenschutz konnte die Information nicht scheitern, da keine Namen oder persönliche Daten mitgeteilt würden. Bei Angelegenheiten, die einer vertraulichen Behandlung bedürfen, unterliegen die Eltern als Mitglieder eines schulischen Gremiums ohnehin der Verschwiegenheitspflicht. Die erbetenen Informationen zur Personalausstattung und zur Inklusion bedürfen jedoch keiner vertraulichen Behandlung, da sie nicht einzelne Lehrer oder Schüler betreffen. Selbst wenn das der Fall wäre, schlösse es die Information des Elterngremiums nicht aus, sondern würde die Mitglieder zur Verschwiegenheit verpflichten. Die Schulleiterin musste daher die Eltern informieren.

Eltern und Schüler wirken über schulische Gremien und Konferenzen an der Bildungs- und Erziehungsarbeit der Schule mit. Gremien, in denen allein Eltern und Schüler vertreten sind, haben Informations- und Beratungsrechte, ohne für die Schule verbindliche Entscheidungen treffen zu können. Die Elternvertretung einer Klasse kann beispielsweise die Schulleitung nicht zur Genehmigung einer Klassenfahrt verpflichten oder eine Genehmigung beschließen. Ihr Beschluss ist aber keineswegs irrelevant, da die Schulleitung ohne Zustimmung der Elternvertretung eine Klassenfahrt nicht genehmigen kann.

Die Vertretungen der Eltern und Schüler haben vor allem Beratungsrechte in allen wichtigen Schulangelegenheiten und Auskunftsansprüche an die Lehrer oder die Schulleitung. Sie dürfen zwar nur wenige Entscheidungen selbst treffen, sind aber berechtigt, Anträge an die Schulkonferenz, die als oberstes Beschlussorgan der Schule verbindliche Beschlüsse fassen kann, zu stellen, und können damit die Initiative für wichtige Entscheidungen ergreifen.

Für die Schule und damit auch für Lehrer und Schulleitung verbindliche Beschlüsse können die Konferenzen als Organe der Schule fassen. Eltern und Schüler sind in den meisten Konferenzen, vor allem in der obersten Konferenz der Schule, die in den meisten Bundesländern als Schulkonferenz bezeichnet wird, vertreten. Sie treffen zusammen mit den Lehrervertretern und der Schulleitung wichtige Grundsatzentscheidungen für die gesamte Schule. So beschließen sie beispielsweise das Schulprogramm, Kooperationen mit anderen Schulen, die Einrichtung von Arbeitsgemeinschaften, eine Schulordnung sowie Grundsätze zum Unterricht und zur Erziehung. Im obersten Beschlussorgan der Schule stellen Eltern und Schüler in nahezu allen Ländern zwei Drittel der Mitglieder.

Neben dem individuellen Elternrecht, das Eltern für ihr Kind wahrnehmen, gibt es in der Schule ein kollektives Elternrecht, das Elternvertreter in Gremien und Konferenzen für die gesamte Elternschaft wahrnehmen. Das kollektive Elternrecht beruht auf Länderverfassungen und Schulgesetzen, es ergibt sich nicht aus dem im Grundgesetz gesicherten individuellen Elternrecht, hat also keine unmittelbare grundrechtliche Basis.

Die kollektive Elternmitwirkung ist nicht von unmittelbarer Bedeutung für den Lernerfolg und die Erziehung der einzelnen Schüler, wohl aber für die allgemeine Ausrichtung der Schule beim Unterricht, der Erziehung und dem Schulleben. Die Schulkonferenz fasst beispielsweise Beschlüsse zur Einführung von Schulbüchern, zur Verteilung von Klassenarbeiten und beschließt eine Schulordnung, die das Verhalten der Schüler regelt.

Der Abschaffung der Ziffernnoten in der 3. Klasse stimmten die Elternvertreter in der Schulkonferenz zu. Eltern vieler Schüler dieser Jahrgangsstufe hielten das nicht für richtig, und das Elterngremium der Schule hatte mehrheitlich für die Beibehaltung der Ziffernnoten votiert.

Elternvertreter sind ebenso wenig wie Lehrer- oder Schülervertreter bei Abstimmungen in Konferenzen an einen Beschluss eines Gremiums gebunden, das sie gewählt hat. Elternvertreter sind wie die Lehrer- und Schülervertreter in Gremien und Konferenzen unabhängige Repräsentanten. Sie sind an Aufträge und Weisungen nicht gebunden. Hätten sie lediglich die Beschlüsse eines Gremiums zu vertreten (sog. imperatives Mandat), wären Beratungen und Beschlüsse in Konferenzen sinnlos. Es würde genügen, die Stimmen der Vertreter anderer Gremien den Beschlüssen dieser Gremien entsprechend zu zählen. Eine Gesamt- oder Schulkonferenz bräuchte gar nicht zusammenzutreten, da die Mitglieder der Konferenz nichts selbst entscheiden könnten, wenn ihre Entsendegremien einen Beschluss gefasst hätten. Eltern-, Lehrer- und Schülervertreter halten sich oft an die Beschlüsse ihrer Gremien, sind dazu rechtlich aber nicht verpflichtet, wenn sie den Beschluss nicht für richtig halten.

Die Elternvertreter durften ihrer persönlichen Auffassung entsprechend abstimmen und waren weder an die mehrheitliche Auffassung vieler Eltern der betroffenen Klassen noch an das Votum der Elternvertretung gebunden.

Die Mitwirkung der Eltern ist ein wichtiges Element der vertrauensvollen Zusammenarbeit von Eltern, Lehrern, Schülern und Schulleitung. Entscheidungen, die keinen Einzelfall betreffen, sondern für eine Klasse oder die ganze Schule gelten, können Eltern nicht individuell beeinflussen, sondern nur über Elternvertretungen und Elternvertreter in Konferenzen. So kann nur die Elternvertretung der Klasse über das Programm einer Klassenfahrt abstimmen und nur die Gesamt- oder Schulkonferenz kann festlegen, in welchen Jahrgangsstufen Klassenfahrten stattfinden und welche Kostengrenzen bei Klassenfahrten nicht überschritten werden dürfen. Wollen Eltern über die Wahrnehmung ihrer eigenen individuellen Rechte hinaus unmittelbar Einfluss auf grundsätzliche schulische Entscheidungen nehmen, die auch ihr Kind betreffen, müssen sie ein Amt in der Elternmitwirkung übernehmen oder Kontakt zu den Elternvertretern halten.

Schulkonferenz

Mitglieder: Gewählte Vertreter der Eltern, Schüler und Lehrer in nahezu allen Bundesländern zu jeweils einem Drittel

Bezeichnungen: Nds: Schulvorstand; RhPf: Schulausschuss; SaAn: Gesamtkonferenz, in allen anderen Bundesländern: Schulkonferenz

Zuständigkeit: zum Beispiel Schulprogramm, bewegliche Ferientage, Schulordnung, Arbeitsgemeinschaften, Geldsammlungen, Sponsoring, Einführung von Lehrbüchern, Schulhaushalt, Pausenzeiten, Förderunterricht

⇧ ⇧ ⇧

	Schulelternbeirat	**Schülerrat**	**Lehrerkonferenz**
Mitglieder:	alle Klassenelternvertreter und in einigen Bundesländern deren Stellvertreter	alle Klassensprecher und ihre Stellvertreter	alle Lehrer der Schule
Bezeichnungen:	BaWü, Bay, Bre: Elternbeirat; Ber: Gesamtelternvertretung; Bra: Elternkonferenz der Schule; HH: Elternrat; He, RhPf, SchlHol: Schulelternbeirat; MV, Nds, SaAn: Schulelternrat; NRW: Schulpflegschaft; Saar: Elternvertretung; Thür: Schulelternvertretung	BaWü, Nds, NRW: Schülerrat Bay, SchlHol: Klassensprecherversammlung; RhPf, Ber: Gesamtschülervertretung; Bra: Konferenz der Schüler; Bre: Schülerbeirat; Saar: Schülervertretung	BaWü: Gesamtlehrerkonferenz; Bay, NRW, Thür: Lehrerkonferenz; Ber, Bre, He, Nds, RhPf, Saar: Gesamtkonferenz; Bra: Konferenz der Lehrkräfte; Sa: Gesamtlehrerkonferenz
Zuständigkeit:	zum Beispiel Interessenvertretung der Eltern, Informationsanspruch gegenüber Schulleitung, Beratung über alle wichtigen Angelegenheiten der Schule, Anträge an die Schulkonferenz	Vertretung der Belange der Schüler bei der Bildungs- und Erziehungsarbeit der Schule, Anträge an die Schulkonferenz	zum Beispiel Entscheidungen zu Grundsätzen für Stunden-, Aufsichts- und Vertretungspläne, Beratung über alle wichtigen Angelegenheiten der Schule, Anträge an die Schulkonferenz

	Klasselternvertretung	Klassensprecher	Klassenkonferenz	Fachkonferenz
Mitglieder:	Eltern der Schüler einer Klasse		Lehrer der Klasse, in einigen Bundesländern Eltern- und Schülervertreter mit beratender Stimme	alle Lehrer, die das Fach unterrichten, in einigen Bundesländern Eltern- und Schülervertreter mit beratender Stimme
Bezeichnungen:	BaWü, Bay, Ber, Thür: keine spezielle Bezeichnung; Bra, SchHol: Elternversammlung; Bre, MV, RhPf, Saar, Sa: Klassenelternversammlung; He, Nds, SaAn: Klassenelternschaft; NRW: Klassenpflegschaft	Ber: ab Klasse 3, Bra: ab Klasse 4, BaWü, Bay, He, Nds, NRW, Saar, Sachs: ab Klasse 5, alle anderen BL: ab Klasse 1		
Zuständigkeit:	zum Beispiel Informationsrecht gegenüber Lehrern und Beratung über Unterricht und Erziehung	Meinungen, Ideen und Wünsche der Schüler sammeln, Vertretung der Interessen der Klasse gegenüber den Lehrern	zum Beispiel Entscheidungen zu Bildungs- und Erziehungsarbeit der Klasse, Zeugnisse, Versetzungen, Abschlüsse, Arbeits- und Sozialverhalten, in einigen Bundesländern bestimmte Ordnungsmaßnahmen	zum Beispiel Inhalte und Methoden des Unterrichts, Grundsätze der Notengebung

Eltern	Schüler	Lehrer

Es handelt sich um eine vereinfachte Darstellung ohne Teilkonferenzen und Ausschüsse sowie geringfügige Abweichungen einzelner Bundesländer.

ÖFFENTLICHKEIT

Eltern und Lehrer dürfen selbstverständlich Kritik an bildungspolitischen Entscheidungen und den Zuständen an einer Schule üben, haben dabei aber unterschiedlich weit gesteckte rechtliche Grenzen zu beachten.

Eltern können sich im Gegensatz zu den zur Mäßigung verpflichteten Lehrern frei und auch in sehr polemischer Form an bildungspolitischen Kontroversen beteiligen. Grenzen setzt ihnen nur das Strafrecht.

Stehen nicht allgemeine bildungspolitische Fragen, sondern konkrete Ereignisse an einer Schule zur Debatte, gewinnt die größere Handlungsfreiheit der Eltern erheblich an Brisanz. Lehrer sind zur Verschwiegenheit in dienstlichen Angelegenheiten verpflichtet und ihnen ist die Flucht in die Öffentlichkeit untersagt. Sie dürfen der Öffentlichkeit keine dienstlichen Sachverhalte mitteilen, um ihre Vorgesetzten unter Druck zu setzen. Die Schulaufsicht als vorgesetzte Behörde kann Lehrern und Schulleitungen Weisungen erteilen. Bei der Entlassung eines Schülers von der Schule wegen eines schwerwiegenden Fehlverhaltens muss die Schule die Genehmigung der Schulaufsicht einholen.

> *Schläge und Tritte eines Schülers, der bereits wiederholt gewalttätig geworden war, gegen eine Mitschülerin führten zu dessen Entlassung. Die Schulaufsicht verweigerte die notwendige Genehmigung und die Zuweisung zu einer anderen Schule.*

Schulleitung und Lehrer dürfen sich nicht an die Öffentlichkeit wenden, um die Schulaufsicht zu einer Änderung ihrer Haltung zu veranlassen. Den Eltern des betroffenen Mädchens und anderen Eltern der Klasse dürfen sie auf deren Frage, warum keine Entlassung ausgesprochen wurde, wahrheitsgemäß die verweigerte Genehmigung der Schulaufsicht mitteilen, da die Eltern des betroffenen Mädchens und die Eltern der Klasse keine außenstehenden Dritten sind und einen Anspruch auf Information in schulischen Angelegenheiten haben, von denen ihre Kinder unmittelbar betroffen sind. Diese Eltern können sich dann an die Schulaufsicht wenden und ausreichenden Schutz für ihre Kinder fordern. Im Gegensatz zu den Lehrern sind sie nicht weisungsgebunden, unterliegen nur in Ausnahmesituationen als Konferenzmitglieder einer Verschwiegenheitspflicht, können mit Nachdruck eine Begründung fordern und haben keinen Dienstweg einzuhalten. Sie können sich unmittelbar an die Schulaufsichtsbehörden, zum Beispiel das Schulamt oder die Bezirksregierung, einschließlich des Kultus- oder Schulministeriums wenden. Eltern dürfen auch unter Wahrung der Persönlichkeitsrechte, also in der Regel ohne den Namen des Täters zu nennen, die Medien informieren.

Die weit größere Handlungsfreiheit der Eltern in Konfliktsituationen kann die Schule stärken, wenn die Ziele der Schule und der Eltern übereinstimmen, oder schwächen, wenn Eltern und Schule unvereinbare Ziele verfolgen.

Lehrer und die Schulleitung können in Eltern sehr wertvolle Verbündete haben, dürfen diese aber nicht auffordern, sie gegen die Schulaufsicht zu unterstützen. Das ist dienstrechtlich untersagt und kann kurzfristig die gewonnene Schlacht und langfristig den verlorenen Krieg bedeuten. Eltern, die im eigenen Interesse und aufgrund von Eigeninitiative tätig werden wollen, können von Lehrern und der Schulleitung nicht aufgehalten werden. Am Wohl ihrer Kinder und der Schule interessierte Eltern sollten jedoch nicht unreflektiert aus der Empörung einer Situation heraus, sondern erst nach Rücksprache mit Elternvertretern, die oft auch die Sicht der Lehrer und der Schulleitung kennen, handeln.

SORGERECHT

Den Versuch, Eltern gegeneinander auszuspielen, unternehmen Kinder, seit es Eltern und Kinder gibt. Für die Erziehung der Kinder und für die Zusammenarbeit der Eltern mit der Schule im Interesse der Kinder bildet die Übereinstimmung der Elternteile eine grundlegende Voraussetzung. Sie müssen nach dem Bürgerlichen Gesetzbuch ihr Sorgerecht gemeinschaftlich und im gegenseitigen Einvernehmen ausüben.

Unabhängig voneinander forderten geschiedene Elternteile mit gemeinsamem Sorgerecht von der Schule, über alle schulischen Angelegenheiten informiert zu werden.

Geschiedene Elternteile mit gemeinsamem Sorgerecht müssen im eigenen Interesse die Schule über das Sorgerecht und ihre jeweiligen Adressen schnell und unaufgefordert informieren. Die Schule kann bei Zweifeln, etwa wenn ein Elternteil behauptet, das Sorgerecht zu haben, der andere aber widerspricht, Nachweise wie die Vorlage des Scheidungsurteils verlangen oder das Familiengericht um Auskunft ersuchen.

Kennt die Schule die Sorgerechtssituation und sind ihr die Adressen beider Elternteile bekannt, ist sie jedoch nicht verpflichtet, beide über alle schulischen Angelegenheiten zu informieren. Nach dem Bürgerlichen Gesetzbuch trifft die Entscheidungen des täglichen Lebens der Elternteil, bei dem das Kind wohnt. Dazu gehören alle Entscheidungen, die häufig vorkommen und keine schwer abzuändernden Auswirkungen auf die Schullaufbahn des Kindes haben, wie die Teilnahme an Elternsprechtagen und Elternabenden, Klassenpflegschaften, Entschuldigungen wegen Krankheit, die Teilnahme an Schulveranstaltungen, die Belegung eines Wahlfachs und die Abmeldung vom Religionsunterricht. Im Gegensatz zur Teilnahme oder Nichtteilnahme am Religionsunterricht müssen beide Sorgeberechtigte einen Wechsel der Konfession – über den sie ohnehin nur bis zum zwölften Lebensjahr des Kindes entscheiden können – übereinstimmend erklären.

Unterschrieben hatte das Zeugnis die sorgeberechtigte Mutter, bei der das Kind wohnte. Der geschiedene, sorgeberechtigte Vater erklärte, das Zeugnis sei nicht wirksam, da er es nicht erhalten habe und seine Unterschrift fehle.

Die Unterschrift der Eltern bestätigt lediglich die Kenntnisnahme eines Zeugnisses. Dies gehört zu den Angelegenheiten des täglichen Lebens, daher genügt die Unterschrift des sorgeberechtigten Elternteils, bei dem das Kind wohnt. Die Wirksamkeit eines Zeugnisses ist nicht von einer Unterschrift der Eltern abhängig, es muss aber einem sorgeberechtigten Elternteil zugehen, um wirksam zu werden. Das ist im beschriebenen Fall geschehen. Dieses Elternteil, in unserem Fall die Mutter, muss dann den anderen Sorgeberechtigten, den Vater, informieren. Geschieht das nicht, kann der sorgeberechtigte Vater im Einzelfall eine Information durch die Schule verlangen, die Erfüllung der Informationspflicht durch die Mutter aber nur familiengerichtlich durchsetzen.

Angelegenheiten von besonderer Bedeutung haben erhebliche Auswirkungen auf die Schullaufbahn des Kindes. Dazu zählen zum Beispiel die Wahl der Schule und der Schulart, Widersprüche gegen schwerwiegende Ordnungsmaßnahmen oder gegen eine Nichtversetzung. Sie bedürfen einer gemeinsamen Entscheidung der Sorgeberechtigten. Das bedeutet, über diese Angelegenheiten müssen sich die Sorgeberechtigten gegenseitig informieren und sie sind durch die Schule zu informieren, sofern der Schule die notwendigen Informationen zum gemeinsamen Sorgerecht und die Adressen vorliegen.

Eine geschiedene Mutter meldete ihr Kind, das bei ihr wohnte, von der bisher besuchten Schule ab und an einer neuen Schule an.

Als der geschiedene, ebenfalls sorgeberechtigte Vater davon erfuhr, wollte er den Schulwechsel rückgängig machen.

Die Mutter hatte in diesem Fall gegen ihre gesetzliche Verpflichtung verstoßen, den sorgeberechtigten Vater über alle Angelegenheiten von besonderer Bedeutung, zu denen ein Schulwechsel gehört, zu informieren und eine Einigung mit ihm herbeizuführen. Die Schule konnte von der Zustimmung des zweiten Sorgeberechtigten ausgehen, da ihr keine Hinweise auf einen Dissens vorlagen. Eine Schule darf grundsätzlich davon ausgehen, dass die Erklärung und Unterschrift eines Sorgeberechtigten ausreicht.

Für eine Abmeldung von der zurzeit besuchten Schule und eine Rückkehr zur vorherigen Schule ist die übereinstimmende Entscheidung der Sorgeberechtigten notwendig. Diese Übereinstimmung fehlte. Es blieb daher bei dem Besuch der neuen Schule, bis die Sorgeberechtigten sich geeinigt hatten oder das Familiengericht eine Entscheidung getroffen hatte (OVG NRW, Az.: 19 B 2010/07 und 19 E 1278/07). Hätte der Vater die Schule über die Sorgerechtssituation rechtzeitig informiert, hätte die bisher besuchte Schule die Abmeldung nicht akzeptiert. Ein sorgeberechtigtes Elternteil, bei dem das Kind nicht wohnt, muss daher ein großes Interesse haben, die Schule stets zeitnah über die Sorgerechtssituation und die eigene Adresse zu informieren.

Eine sorgeberechtigte Mutter, bei der das Kind wohnte, erklärte sich schriftlich mit der Teilnahme des Kindes an einer Klassenfahrt und der Übernahme der Kosten einverstanden. Der geschiedene, sorgeberechtigte Vater widersprach.

Die Teilnahme an der Klassenfahrt hat keinen Einfluss auf die Schullaufbahn. Die Einverständniserklärung konnte daher von der Mutter rechtswirksam abgegeben werden und der Vater kann sie nicht widerrufen, da die Mutter in den Angelegenheiten des täglichen Lebens eine Alleinentscheidungsbefugnis hat. Der Vater muss sich an der Finanzierung der Fahrt beteiligen.

LEBENSPARTNER

Ihr Lebenspartner sei bevollmächtigt, in Angelegenheiten des bei ihr wohnenden Kindes an ihrer Stelle zu handeln, erklärte eine sorgeberechtigte Mutter schriftlich der Schule gegenüber. Der geschiedene, ebenfalls sorgeberechtigte Vater widersprach.

Die Mutter kann eine Vollmacht für Entscheidungen des täglichen Lebens erteilen. Dagegen hat der Vater kein Widerspruchsrecht. Die Mutter kann das Sorgerecht in Angelegenheiten von besonderer Bedeutung hingegen nicht durch eine Vollmacht übertragen (VG Hannover, Az.: 6 B 4352/06). Das wäre selbst mit Einverständnis des Vaters nicht möglich. Der Lebensgefährte darf also über Unterrichtsausfälle, einen Wandertag oder die Noten des Kindes informiert werden und er darf das Kind auch von der Schule abholen. Er kann jedoch keinen Widerspruch gegen eine Nichtversetzung einlegen oder das Kind von der Schule abmelden.

VOLLJÄHRIGKEIT

Mit der Volljährigkeit erlischt das Sorgerecht der Eltern. Der engen und einzigartigen Beziehung zwischen Eltern und Kindern, die auch rechtlich über die Volljährigkeit hinaus beispielsweise bei Unterhaltsansprüchen bestehen bleibt, entsprechen die in den Schulgesetzen zahlreicher Länder verankerten Informationsmöglichkeiten der Eltern volljähriger Kinder.

Entschuldigungen und ärztliche Atteste reichte ein häufig fehlender volljähriger Schüler ein. Seine Leistungen verschlechterten sich so sehr, dass der Schulabschluss gefährdet war. Der Jahrgangsstufenleiter informierte die Eltern ohne Einwilligung des Schülers.

Der Informationsanspruch der Eltern erlischt mit der Volljährigkeit des Schülers. Einige Bundesländer haben den Schulen jedoch die Möglichkeit eröffnet, die Eltern volljähriger Schüler über wichtige schulische Angelegenheiten wie eine Nichtversetzung, die Nichtzulassung zu einer Abschlussprüfung und die Androhung der Entlassung von der Schule zu informieren. Es ist von einer Bereitschaft der Eltern zur Hilfe und Unterstützung auch ihrer volljährigen Kinder auszugehen (VerfGH Rheinland-Pfalz, Az.: B 2/04; VerfGH Bayern, Az.: Vf. 11-VII-03). In einigen Ländern ist ein Einverständnis der volljährigen Schüler nicht notwendig, in anderen kann sich die Schule über ein verweigertes Einverständnis hinwegsetzen.

Eine Mitteilung an die Eltern, ohne dass die volljährigen Schüler ein Widerspruchsrecht hätten, ist durch die lebenslange Fürsorge der Eltern für ihr Kind gerechtfertigt. Dieses positive Elternbild entspricht nicht in jedem Fall der Realität. Lehrer müssen daher den volljährigen Schülern ihre Absicht mitteilen, die Eltern zu informieren, damit die Schüler die Chance erhalten, auf zu erwartende negative Folgen der Information hinzuweisen. Die Lehrer müssen die Glaubwürdigkeit dieser Schüleräußerung einschätzen und können sich für oder gegen eine Information der Eltern entscheiden.

ZUSAMMENFASSUNG: WAS ELTERN WISSEN SOLLTEN

- Das Elternrecht ist nicht vorrangig ein Abwehrrecht gegen die Schule, sondern eine Verpflichtung zur vertrauensvollen Zusammenarbeit mit der Schule zum Wohle des Kindes.
- Der staatliche Erziehungsauftrag wird nicht von den Eltern auf den Staat übertragen, sondern ist dem elterlichen Erziehungsrecht gleichgeordnet.

- Elternrechte und Lehrerrechte sind keine widerstreitenden Rechte, sondern komplementäre oder übereinstimmende Pflichten. Eltern und Lehrer sind zur Zusammenarbeit zum Wohle der Schüler verpflichtet.
- Die Rechte einzelner Schüler und Eltern werden nicht nur durch die Lehrer, sondern vor allem durch die Rechte der anderen Schüler und Eltern begrenzt.
- Eltern können entscheiden, wie ihr Kind zu Hause lernt.
- Das Informationsrecht der Eltern ist ein höchstpersönliches Recht. Eltern können keine andere Person mit der Wahrnehmung beauftragen.
- Schriftliche Vereinbarungen von Eltern und Lehrern zum Lernen und zur Erziehung sind keine Verträge, sondern verdeutlichen und präzisieren bestehende gesetzliche Verpflichtungen.
- Die Schulgesetze verpflichten Lehrer und Eltern zu gegenseitiger Information.
- Elternvertreter in Gremien und Konferenzen sind an Aufträge und Weisungen nicht gebunden. Sie nehmen entscheidenden Einfluss auf die Gestaltung des Bildungs- und Erziehungsauftrags der Schule.
- Eltern dürfen sich mit Kritik an die Öffentlichkeit wenden.
- Geschiedene Eltern mit gemeinsamem Sorgerecht müssen zur Wahrung ihrer Rechte die Schule über das Sorgerecht und ihre jeweiligen Adressen schnell und unaufgefordert informieren.
- Die Entscheidungen des täglichen Lebens trifft der Elternteil, bei dem das Kind wohnt. Angelegenheiten von besonderer Bedeutung bedürfen einer gemeinsamen Entscheidung der Sorgeberechtigten. Über diese Angelegenheiten müssen sich die Sorgeberechtigten gegenseitig informieren.
- Der Elternteil, bei dem das Kind wohnt, kann eine Vollmacht für Entscheidungen des täglichen Lebens erteilen. Das Sor-

gerecht in Angelegenheiten von besonderer Bedeutung kann nicht durch eine Vollmacht übertragen werden.

- Der Informationsanspruch der Eltern erlischt mit der Volljährigkeit des Kindes. In einigen Bundesländern dürfen die Schulen die Eltern volljähriger Schüler jedoch über wichtige schulische Angelegenheiten informieren. Manche Schulgesetze verlangen lediglich eine vorherige Mitteilung an den Schüler, in anderen darf sich die Schule über ein verweigertes Einverständnis hinwegsetzen.

2 SCHULLEBEN

KOSTEN EINER KLASSENFAHRT

»Zusammen oder einzeln?« Diese Frage stellt sich nicht nur gelegentlich in Restaurants und Kneipen, sondern auch in der Schule.

Die Fahrtkosten waren von den Eltern noch nicht überwiesen, als ein Schüler kurz vor Beginn einer Klassenfahrt erkrankte. Die Eltern weigerten sich, unter Verweis auf die unverschuldete Nichtteilnahme, zu zahlen. Die Lehrer legten daraufhin die Kosten anteilig auf alle anderen Eltern um.

Durch die verbindliche Zusage der Teilnahme an einer Klassenfahrt verpflichten Eltern sich, die Fahrtkosten auch dann zu bezahlen, wenn ihr Kind wegen Krankheit oder aus anderen Gründen nicht teilnehmen kann (OVG Rheinland-Pfalz, Az.: 2 A 11188/03). Zahlen Eltern ihren Anteil nicht, reichen die Reisekosten für Lehrer nicht oder entstehen vor Ort während der Fahrt zusätzliche Kosten, zum Beispiel durch erhöhte Ausgaben für einzelne Schüler, dürfen die Lehrer diese Kosten nicht einfach auf alle Schüler umlegen. Eltern, die sich mit der Übernahme der Kosten für eine Klassenfahrt einverstanden erklärt haben, haben damit nicht automatisch zugestimmt, das Risiko des Zahlungsausfalls anderer Eltern oder erhöhter Ausgaben für andere Schüler zu übernehmen. Der Anspruch der Lehrer auf Reisekostenerstattung richtet sich ohnehin gegen das Land, nicht gegen die Eltern.

KARNEVALSSITZUNG

Eine Karnevalssitzung der Schüler, Lehrer und Eltern fand während der Unterrichtszeit statt. Eltern beantragten die Befreiung ihres Kindes von der Teilnahmepflicht als Zuschauer.

Karnevalsfeiern als Vergnügungsveranstaltungen könnten Zweifel wecken, ob eine Karnevalsfeier als Schulveranstaltung während der Unterrichtszeit zulässig ist. Schulveranstaltungen müssen den schulischen Bildungs- und Erziehungszielen dienen. Welchen Zielen dient eine Karnevalsfeier? Die Antwort hängt von der Gestaltung der Feier ab. Vorbereitet und durchgeführt von Lehrern und Schülern, manchmal auch unter Beteiligung von Eltern, stärkt sie das Zusammengehörigkeitsgefühl, erfordert sprachliche, gestalterische und musische Fähigkeiten, fördert die Präsentationsfähigkeit und das Selbstbewusstsein, vermittelt lokale kulturelle Traditionen und stärkt die Verbindung der Schule zu ihrem sozialen Umfeld. Eltern und Schüler können pädagogisch gestalteten Karnevals- und anderen Brauchtumsfeiern nicht den Charakter einer verpflichtenden Schulveranstaltung absprechen.

Die religiösen Wurzeln und Bezüge machen eine Karnevalsfeier in der Schule – von Karnevalsfeiern außerhalb der Schule ganz zu schweigen – nicht zu einer religiösen Feier, bei der keine Teilnahmepflicht der Schüler bestünde. »Dass Karneval beziehungsweise Fastnacht kein katholisches Kirchenfest ist und in der Art und

Weise der Begehung als bloßes Brauchtum heutzutage der früher etwa vorhandenen religiösen Bezüge weitgehend entkleidet ist, kann als allgemein bekannt vorausgesetzt werden« (BVerfG, Az.: 1 BvR 1358/09).

Eltern können aber einen Befreiungsantrag aus religiösen Gründen stellen. Diesem muss die Schule nicht stattgeben, wenn die Schüler weder verpflichtet werden, sich zu verkleiden, noch aktiv mitzufeiern. Sie wird aber in der Regel stattgeben, wenn die Religionsgemeinschaft, der die Eltern und Schüler angehören, die Teilnahme an Festen wie dem Karneval untersagt. Es stellt sich dabei auch die Frage, ob es sinnvoll ist, einen Schüler gegen den Willen seiner Eltern und seinen eigenen Willen zur Teilnahme an einer Veranstaltung zu zwingen, die Freude bereiten und die ungezwungene Begegnung mit Mitschülern und Lehrern in einem ungewöhnlichen Kontext ermöglichen soll.

GELDSAMMLUNGEN UND SPENDEN

In der Schulkonferenz wurden ein Sponsorenlauf für die Anschaffung neuer Geräte für den Sportunterricht sowie eine Spende an eine gemeinnützige Organisation beschlossen. Das gesammelte Geld sollte beiden Zwecken jeweils zur Hälfte zugutekommen. Alle Schüler wurden verpflichtet, an einem Nachmittag an einem Lauf auf dem Sportplatz teilzunehmen. Sie sollten sich von Eltern, Verwandten und anderen Sponsoren schriftlich Geld für jede gelaufene Runde versprechen lassen. Wer aus gesundheitlichen oder anderen Gründen nicht teilnehmen konnte oder wollte, musste einen Befreiungsantrag beim Klassenlehrer stellen. Das von den Sponsoren erhaltene Geld gaben die Schüler den Klassenlehrern, die den Schülernamen und den Betrag in eine Liste eintrugen. Die Klasse, die am meisten gesammelt hatte, erhielt 100 Euro für die Klassenkasse.

Im Recht gilt wie im Leben: Es kommt nicht darauf an, wie man es nennt, es kommt darauf an, was es ist. Ein Sponsor gibt einer Schule Geld oder Sachwerte, um sein Ansehen in der Öffentlichkeit zu steigern. Eine Gartenbaufirma, die einer Schule einen Baum für den Schulhof spendet und dafür in einem von der Schule verfassten Zeitungsartikel und einem Elternbrief erwähnt wird sowie eine Spenderplakette an dem Baum erhält, sponsert demnach die Schule. Der Sponsorenlauf im Fallbeispiel ist kein Sponsoring, sondern eine Geldsammlung, weil die Spender Privatpersonen sind, die keine Imagepflege betreiben.

Die Schulgesetze lassen Geldsammlungen in Schulen für außerschulische Zwecke zu, ohne eine Sammlungspflicht für Schüler zu schaffen. Der gesetzliche Bildungsauftrag der Schule rechtfertigt es nicht, Schüler zum Sammeln von Spenden oder zu Spenden zu verpflichten. Bei jeder Geldsammlung muss Freiwilligkeit gewährleistet sein.

Es genügt daher nicht, eine Befreiungsmöglichkeit einzuräumen, die eine grundsätzliche Verpflichtung zur Teilnahme voraussetzt, und darauf zu verweisen, es sei niemand verpflichtet zu spenden. Lehrer, die notieren, welche Schüler Spenden in welcher Höhe eingeworben haben, und Mitschüler, die von jedem Klassenmitglied erwarten, dass es zum Gewinn der ausgelobten Geldprämie beiträgt, bauen einen nicht zu unterschätzenden Druck auf. Freiwilligkeit kann am besten durch Anonymität und den Verzicht auf Prämien gewährleistet werden. Eltern- und Schülervertreter sollten – falls die Schulleitung und die Lehrer ein solches Verfahren nicht von vornherein vorschlagen – in der Konferenz, die über Geldsammlungen entscheidet, darauf bestehen, dass die Spenden freiwillig sind. Schüler, die für ihre freiwillige Teilnahme an dem »Sponsorenlauf« Geld erhalten haben, könnten beispielsweise den Betrag in einem Briefumschlag ohne Namen in einen Behälter im Sekretariat oder einem anderen Raum der Schule einwerfen, ohne registriert zu werden. Ein »Sponsorenlauf«, an dem die Schüler freiwillig teilnehmen, kann von der Schulleitung zur Schulveranstaltung erklärt werden, um den Versicherungsschutz sicherzustellen, da die Veranstaltung im organisatorischen Verantwortungsbereich der Schule stattfindet und die Teilnahme an Schulveranstaltungen freigestellt werden kann.

Die Freiwilligkeit muss beim Sammeln der Spenden gesichert sein, sie gilt aber auch für den Zweck der Spende. Eine untrennbare Verbindung zweier Zwecke ist rechtswidrig, da sie auf eine Zwangsspende hinausläuft. Wer im Fallbeispiel für die Sportgeräte spenden wollte, musste gleichzeitig auch für die gemeinnützige Organisation spenden und umgekehrt. Die Freiwilligkeit würden eine klare Trennung der beiden Zwecke und zwei Sponsorenläufe sichern. »

»Sponsorenläufe« und vergleichbare Sammelaktionen zeigen, wie schnell auch Schulen davon überzeugt sind (oder sich davon überzeugen lassen), dass der Zweck die Mittel heiligt. Bildungspolitisch und schulrechtlich werden die Gefahren und Grenzen einer in vielen Schulgesetzen als Öffnung von Schule bezeichneten Zusammenarbeit mit schulexternen Einrichtungen wie Vereinen, Bürgerinitiativen, gemeinnützigen Einrichtungen, Betrieben und Personen wie Nachbarn und Prominenten erkennbar. Die Schulgesetze der Länder haben vor Jahren Geldsammlungen in der Schule ausschließlich für schulische Zwecke zugelassen, um Schüler, die sich in einem Abhängigkeitsverhältnis zur Schule befinden, vor dem Zugriff externer Spendensammler über die Schulen zu schützen. Der Gesetzgeber hat diese schützende Einschränkung nicht zuletzt auf Druck zahlreicher Lehrer, Eltern und Schüler, die Gutes tun wollten, beseitigt. Eine Schule, die Schüler nicht als Mittel zum Zweck ansieht, muss daher nicht nur einen guten Sammlungszweck auswählen – was nahezu immer gelingt –, sondern die Freiwilligkeit sicherstellen. Wenn Schüler Geld sammeln, wird ein erheblicher Druck auf Verwandte, Bekannte und Nachbarn ausgeübt, da niemand gerne einem ihm bekannten Kind oder Jugendlichen die Unterstützung verweigert.

Eine Nichtregierungsorganisation schickte Flyer und Plakate mitsamt Spendenaufruf an Schulen und bat, diese zu verteilen und am Schwarzen Brett aufzuhängen.

Es handelt sich weder um Werbung für ein Produkt noch für ein kommerzielles Unternehmen. Die Werbeaktion ist nicht verboten, muss von der Schulleitung aber nicht gestattet werden. Für eine möglichst restriktive Haltung der Eltern und der Elterngremien sprechen die Unmöglichkeit, alle an Hinweisen auf ihre Aktionen interessierten Organisationen gleichzubehandeln und die mit einer Auswahl verbundene politische Parteinahme. Die Anliegen von Nichtregierungsorganisationen haben auch eine politische Bedeutung. Viele gemeinnützige Organisationen fördern direkt oder indirekt bestimmte wirtschaftliche oder politische Interessen und die Gemeinnützigkeit einer Organisation schließt hohe Gehälter für Mitarbeiter nicht aus. Für welche Organisationen die Schule sich auch entscheidet, sie nimmt damit Stellung in politischen Fragen und fördert bestimmte wirtschaftliche Anliegen. Sie verstößt damit zwangsläufig gegen die Auffassungen und Interessen eines Teils der Elternschaft und schafft Konflikte, auch wenn sie nicht artikuliert werden. Unterschwellige Konflikte schaden der vertrauensvollen Zusammenarbeit von Eltern und Schule häufig mehr als offen ausgetragene.

KOMMERZIELLE WERBUNG

Kinder und Jugendliche sind für die Wirtschaft in doppelter Hinsicht eine wichtige Zielgruppe: als Käufer und als Beeinflusser ihrer Eltern und Altersgenossen.

> *Eine Kaufhauskette bot Grundschulen eine Verkehrserziehungsmaßnahme an. Bedingung war, ihr zu gestatten, große Aufsteller mit dem Firmenlogo in den Schulen zu platzieren und Gutscheine für Fahrradhelme an die Schüler zu verteilen, die von Schülern oder Eltern in den Kaufhäusern abgeholt werden konnten.*

Ein striktes Verbot von Werbung und wirtschaftlicher Betätigung in Schulen widerspräche der bildungspolitisch gewollten Öffnung der Schule für gesellschaftliche Einflüsse und machte es unmöglich, für kulturell wertvolle Veranstaltungen wie Theateraufführungen oder Konzerte zu werben. Die Bundesländer gewähren wirtschaftlichen Betätigungen in Schulen unterschiedlich viel Spielraum, fordern aber entweder das Überwiegen eines pädagogischen Zwecks oder zumindest die Vereinbarkeit mit dem schulischen Bildungsauftrag.

Es fällt Schulleitungen und Lehrern nicht immer leicht, im Einzelfall diese sehr allgemeinen Begriffe zu konkretisieren. Die Auffassungen der Eltern, einzeln oder über die Mitwirkungsgremien zum Ausdruck gebracht, sind eine wichtige Entscheidungshilfe. Maßnahmen der Verkehrserziehung gehören zum schulischen Auftrag in der Grundschule und Fahrradhelme sind ein entscheidender Sicherheitsfaktor. Große Werbeaufsteller für ein Kaufhaus dienen dem schulischen Bildungsauftrag zwar nicht – bei der Werbung für eine Lesung in einer Buchhandlung könnte das anders sein –, widersprechen ihm aber auch nicht. In Bundesländern, die Werbung in der Schule ausdrücklich zulassen, wären die Werbeaufsteller mit einem Logo und sogar mit Produktwerbung kein Problem, da Kaufhausartikel als Produkt nicht im Widerspruch zum Bildungsauftrag der Schule stehen. Eltern über Schüler durch ein versprochenes Geschenk zum Besuch eines Kaufhauses zu veranlassen, ist mit der Aufgabe der Schule nur noch vereinbar, wenn die Schulleitung oder die Schulkonferenz die Auswirkungen auf die Entscheidungsfreiheit der Eltern für gering erachtet und den Sicherheitsgewinn für die Kinder durch einen Fahrradhelm in den Vordergrund stellt.

In rechtlich nicht eindeutigen Situationen ist für die Entscheidung der Schulleitung oder einer Konferenz die Mehrheitsmeinung der Eltern von großer Bedeutung. Eltern müssen sich dann zwischen materiellen Vorteilen und einer von wirtschaftlichen Interessen möglichst wenig beeinflussten Schule entscheiden.

SCHULFOTOGRAF

Mehrere 100 Euro spendete ein Schulfotograf an den Förderverein einer Schule.

Die Schulfotografie ist nach einer Entscheidung des Bundesgerichtshofs (Az.: 3 StR 492/10) mit dem Bildungsauftrag der Schulen vereinbar, da die Gruppenfotos den Zusammenhalt in der Klasse stärken können und helfen, die Erinnerung an die Schulzeit zu pflegen. Wird eine Gegenleistung erbracht, wie etwa eine Spende an den Förderverein für die Möglichkeit, in der Schule zu fotografieren, können sich der Schulfotograf, die Schulleitung und der Vertreter des Fördervereins wegen Bestechung oder Vorteilsgewährung und Bestechlichkeit oder Vorteilsannahme strafbar machen (VGH Bayer, Az.: 7 CE 15.450). Es kommt nicht darauf an, ob die Spende der Schule, dem Schulträger oder einem Förderverein zugutekommt. Eltern im Vorstand des Fördervereins, die eine Spende des Schulfotografen entgegennehmen, können sich wegen Beihilfe zur Vorteilsannahme strafbar machen (VGH Bayern, a.a.O.).

Es liegt daher im Interesse aller Eltern sowie der Schulleitung, wenn statt einer Spende die Preise für die Fotos um die beabsichtigte Spende reduziert werden, denn wirtschaftlich haben die Eltern über den Kaufpreis die Spende bezahlt. Die Schulleitung und Vertreter des Fördervereins können sich dann nicht strafbar machen und die Eltern, die gerne Fotos des Schulfotografen kaufen möchten, zahlen keinen unnötig hohen Preis. Der Schulfotograf muss nach der Datenschutzgrundverordnung das Einverständnis der Eltern einholen, bevor er die Schüler fotografiert.

GESCHENKE

Eltern können Lehrer ungewollt in straf- und disziplinarrechtliche Schwierigkeiten bringen.

Eine Skulptur mit zwei Männern in einer Badewanne, die an Loriot erinnerte, im Wert von 200 Euro schenkten Schüler einer 10. Klasse ihrer Klassenlehrerin, nachdem die Ergebnisse der Schulabschlussprüfung gut ausgefallen waren.

Lehrern ist die Annahme von Belohnungen und Geschenken in Bezug auf ihre dienstliche Tätigkeit untersagt. Verboten ist nicht nur ein Geschenk für rechtswidriges Handeln – die Lehrerin hat sicherlich bisher nicht alle Schüler rechtswidrig bevorzugt und könnte das in Zukunft nicht tun, da die Schüler die Schule verlassen –, sondern jede Annahme von Belohnungen und Geschenken. Eine Ausnahme gilt nur, wenn die Schulaufsicht generell eine stillschweigende Genehmigung für die Annahme sozial üblicher Geschenke, etwa zum Geburtstag oder zum Schulabschluss, von geringem Wert – allgemein anerkannt sind 20 Euro – erteilt hat. Ein Geschenk zum Schulabschluss ist sozial üblich, doch der Wert im Fallbeispiel liegt weit über der Grenze der stillschweigenden Genehmigung. Eine ausdrückliche Genehmigung der Schulaufsicht hatte die Lehrerin nicht eingeholt und sie wäre wohl auch nicht erteilt worden. Die Annahme der Skulptur ist daher straf- und dienstrechtlich verboten. Die Staatsanwaltschaft stellte das Verfahren ein, nachdem die Lehrerin 4.000 Euro gezahlt hatte. Der Vater eines Schülers hatte die Staatsanwaltschaft informiert.

Eine nachträgliche Genehmigung durch die Schulleitung oder die Schulaufsicht scheidet bei Geldgeschenken und Gutscheinen aus. Indem die Schulleitung auf die Rechtslage in regelmäßigen Abständen hinweist und die Elterngremien die Elternschaft für die rechtliche Problematik sensibilisieren, bewahren sie die Lehrer nicht nur vor der Gefahr einer strafrechtlichen Verfolgung, sondern ersparen ihnen auch peinliche Situationen wie die Zurückweisung eines Geschenks oder den Geschenkevergleich im Lehrerzimmer. Es ist ohnehin mehr wert, statt Geld Zeit und Fantasie zu opfern für immaterielle Geschenke oder Geschenke von geringem materiellem Wert und hohem persönlichen Einsatz.

SOZIALE MEDIEN

> *In jeder von ihm unterrichteten Klasse gründete ein Lehrer eine Gruppe in einem sozialen Medium. Die Klasse betreffende Informationen wie Hausaufgaben, Klassenarbeitstermine und Vertretungsunterricht teilte er auf diesem Wege mit und ermöglichte einen Meinungs- und Informationsaustausch. Einige Eltern forderten, die Nutzung sozialer Medien zu unterlassen.*

Die Schüler sind nur scheinbar frei, sich der Gruppe anzuschließen, da sie wichtige Informationen im Gegensatz zur Information in der Schule als Gruppenmitglieder schneller und schriftlich erhalten und nur als Gruppenmitglieder am Meinungsaustausch teilnehmen können. Gegen die Nutzung sozialer Medien sprechen auch der Datenschutz, die Verpflichtung der Lehrer zur Amtsverschwiegenheit und das Verbot jeder schulischen Entscheidung entzogener kommerzieller Werbung in der Schule, da soziale Medien ihre Angebote durch personalisierte Werbung und die Verwertung von Daten der Nutzer finanzieren.

Ist die Nutzung sozialer Medien zu dienstlichen Zwecken nicht durch Vorschriften des Bundeslands wie in Baden-Württemberg, Rheinland-Pfalz, Sachsen und Schleswig-Holstein ausdrücklich verboten, können Eltern die Beteiligung ihres Kindes untersagen und die Unterlassung wegen des Anspruchs auf Gleichbehandlung bei der Information, des Persönlichkeitsschutzes und des Werbeverbots verlangen.

Private Kontakte von Lehrern und Schülern über soziale Medien sind unproblematisch, wenn der Grund für den Kontakt ein privater ist, wie etwa die Mitgliedschaft in demselben Sportverein. Liegt kein schon vor der Begegnung in der Schule bestehender privater Grund vor, ist eine private Kommunikation nicht verboten, sollte aber insbesondere von den Lehrern sorgfältig geprüft und restriktiv gehandhabt werden, da sie den Anschein der Voreingenommenheit und schlimmstenfalls sogar den einer dienstrechtlich unzulässigen privaten Beziehung erwecken könnte. Auch wenn ein Verhalten nicht strafbar ist – wie das der Fall bei sexuellen Anspielungen sein kann –, kann es gegen Dienstpflichten verstoßen, wenn es etwa das Ansehen der Lehrerschaft in der Öffentlichkeit schädigt oder das schulgesetzlich besonders geschützte Vertrauen der Eltern in das korrekte Verhalten der Lehrer beeinträchtigt (OVG Rheinland-Pfalz, Az.: 3 A 10861/15). Eltern, die von privaten Kontakten ihres Kindes über soziale Medien zu einzelnen Lehrern erfahren, sollten ihr Kind nach den Gründen für den Kontakt und vor allem danach fragen, ob der Lehrer Kontakte zu vielen Schülern pflegt oder nur zu ihrem Kind. Bei Zweifeln sollten sie ihr Kind auffordern, ihnen einen Einblick zu geben, und das Gespräch mit dem Lehrer suchen.

ZUSAMMENFASSUNG: WAS ELTERN WISSEN SOLLTEN

- Eltern sind bei Klassenfahrten auch dann verpflichtet, die Fahrtkosten zu bezahlen, wenn ihr Kind unverschuldet nicht teilnehmen kann. Eltern sind nicht verpflichtet, das Risiko des Zahlungsausfalls anderer Eltern oder andere finanzielle Risiken zu übernehmen.
- Eltern können bei pädagogisch gestalteten Karnevals- und anderen Brauchtumsfeiern nicht den Charakter einer verpflichtenden Schulveranstaltung bestreiten. Sie können aber einen Befreiungsantrag stellen.
- Bei jeder Geldsammlung muss die Freiwilligkeit gewährleistet sein.

- Werbeaktionen von Nichtregierungsorganisationen sind zulässig, können aber der vertrauensvollen Zusammenarbeit von Eltern und Schule schaden.
- Die Bundesländer gewähren wirtschaftlichen Betätigungen in Schulen unterschiedlich viel Spielraum, fordern aber entweder das Überwiegen eines pädagogischen Zwecks oder zumindest die Vereinbarkeit mit dem schulischen Bildungsauftrag.
- Eltern im Vorstand des Fördervereins, die eine Spende eines Schulfotografen entgegennehmen, können sich wegen Beihilfe zur Vorteilsannahme strafbar machen.
- Eltern können Lehrer durch Geschenke in dienst- und strafrechtliche Schwierigkeiten bringen.
- Eltern können die Beteiligung ihres Kindes an der Nutzung sozialer Medien zur Übermittlung schulischer Informationen untersagen und die Unterlassung verlangen.

3 UNTERRICHT

»Anspruchsberechtigter« klingt nicht schön, beschreibt aber die Position, in der sich jeder im Recht am liebsten befindet. In der Hinsicht bilden Eltern und Schüler keine Ausnahme. Wer einen Anspruch hat, kann seine rechtlich geschützten Interessen gegen andere durchsetzen, muss nichts oder wenig geben, erhält aber etwas oder sogar viel. Zur Durchsetzung eines Anspruchs braucht man eine gesetzliche Grundlage, aber nicht jede Gesetzesnorm verleiht auch einen Anspruch.

INDIVIDUELLE FÖRDERUNG

Die Leistungen eines Schülers in Mathematik waren mangelhaft. Seine Eltern verwiesen auf das Schulgesetz, in dem steht: »Jeder junge Mensch hat … ein Recht auf … individuelle Förderung«, und forderten mindestens zwei Stunden zusätzlichen Mathematikunterricht pro Woche, in dem wiederholt und geübt werden sollte.

Die Aussichten der Eltern und des Schülers scheinen nicht schlecht zu sein, da das Gesetz ausdrücklich von einem Recht spricht. Durchsetzen lässt sich der zusätzliche Förderunterricht aber nicht. Im Schulrecht sind gesetzliche Vorgaben, aus denen Eltern und Schüler keine konkreten Ansprüche ableiten können, keine Seltenheit. Bei der individuellen Förderung handelt es sich um eine Vorgabe für Lehrer, die individuelle Lernfähigkeit der Schüler bei der Gestaltung des Lernprozesses zu beachten. Aus dieser Verpflichtung der Lehrer lassen sich jedoch keine konkreten Ansprüche der Schüler und Eltern ableiten, da die Vorgabe viel zu unbestimmt ist. Sie enthält keine Hinweise für eine Konkretisierung. Bestünden konkrete Ansprüche, wäre das Bundesland verpflichtet, die Fördermaßnahmen, zum Beispiel durch Einstellung zusätzlicher Lehrer, zu finanzieren. Die Länder werden sich daher hüten, Rechte und Ansprüche mit weitreichenden finanziellen Folgen in die Schulgesetze aufzunehmen.

Die Schulgesetze verpflichten Lehrer zur individuellen Förderung der Schüler, ohne die Inhalte und Methoden der individuellen Förderung exakt festzulegen. Selbst wenn es Konkretisierungen gäbe, stünden diese unter dem Vorbehalt des Möglichen und der Entscheidungsspielräume der Schulen. Die Eltern im Fallbeispiel hatten daher keinen Anspruch auf Mathematikförderunterricht.

Zur individuellen Förderung durch die Schule gehören auch Empfehlungen an Eltern und Schüler bei schwachen Leistungen oder einer gefährdeten Versetzung. Diese Förderempfehlungen enthalten konkrete Vorschläge, was Schüler und Eltern tun sollten, um die Leistungen zu verbessern. Individuelle Förderung ist nicht nur eine Leistungspflicht der Schule, sondern beinhaltet auch Lernleistungen der Schüler und Unterstützung durch die Eltern.

Weil unklar ist, was Lehrer im Rahmen der individuellen Förderung leisten müssen, können Lehrer, Schulleitung, Schulaufsicht, Eltern und Schüler diesen Begriff mit beliebigem Inhalt füllen. Das kann zu hohen Erwartungen der Eltern und Schüler führen, die nur allzu oft enttäuscht werden. Auch wenn konkrete Inhalte der individuellen Förderung fehlen, beeinflusst sie die Richtung des Denkens und Handelns. Eltern und Schüler, die von einem Recht auf individuelle Förderung gehört haben, werden ein für ihr Kind passend zugeschnittenes Lernprogramm erwarten und dazu neigen, die Schule für den Lernerfolg verantwortlich zu machen. Das Risiko der Eltern und Schüler liegt vor allem im blinden Vertrauen auf einen durch Gesetze garantierten Lern- und Erziehungserfolg. Die Förderung einzelner Schüler, die sich 45 Minuten Unterrichtszeit teilen müssen, auf die rechnerisch bei einer Klassengröße von 30 Schülern eineinhalb Minuten individueller Zeit entfallen, kann nie auch nur annähernd den Umfang der individuellen Förderung erreichen, die Eltern persönlich, durch Verwandte oder Nachhilfelehrer leisten können. Was immer die Gesetze zu garantieren scheinen oder suggerieren – die wirkliche individuelle Förderung erfolgt durch die Eltern, und der Bildungserfolg beruht immer auf der gemeinsamen Anstrengung der Lehrer, Eltern und Schüler.

RECHT AUF BILDUNG

Das Schulamt hatte aufgrund eines sonderpädagogischen Gutachtens festgestellt, ein Schüler müsse wegen seiner außerordentlichen Lernschwierigkeiten eine Förderschule besuchen oder an einer Regelschule von Sonderpädagogen gefördert werden. Der Schüler besuchte eine Realschule und wurde nur für vier Stunden in der Woche von einem Sonderpädagogen mit der Fachrichtung emotionale und soziale Entwicklung gefördert.

Das Recht auf Bildung verschafft Eltern und Schülern kein Recht auf gewünschte Unterrichtsinhalte, Unterrichtsmethoden oder eine für angemessen gehaltene sachliche oder personelle Ausstattung der Schulen. Das ist allgemeiner Konsens der Rechtsprechung (zum Beispiel OVG NRW, Az.:19 B 524/08). Sogar die Qualifikation der Lehrer steht im Belieben der Bundesländer. Es gibt keine aus dem Recht auf Bildung unmittelbar ableitbaren Rechtsansprüche auf Lehrer mit einer Lehrerausbildung, wie die zahlreichen Einstellungen von Quereinsteigern zeigen. Das Land kann den Einsatz von Sonderpädagogen aus Kostengründen auf wenige Unterrichtsstunden in der Woche beschränken, und behinderte Schüler müssen damit rechnen, von Sonderpädagogen unterrichtet zu werden, deren Fachrichtung nicht zu ihrer Behinderung passt, wenn das Land nicht bedarfsgerecht ausgebildet und eingestellt hat. Die Eltern des Schülers können daher trotz des festgestellten Förderbedarfs weder eine Förderung von mehr als vier Stunden fordern noch die Förderung durch einen Sonderpädagogen mit der Fachrichtung Lernen anstelle von emotionaler und sozialer Entwicklung.

UNTERRICHTSAUSFALL

Voraussetzung des Lernerfolgs ist der erteilte Unterricht, und Unterrichtsausfall gehört zu den großen Ärgernissen der Eltern. Gibt es einen Rechtsanspruch auf Unterricht?

> *Zwei bis drei Stunden pro Woche Sportunterricht schreibt die Stundentafel für die Grundschule vor. Tatsächlich erteilt wurde während des gesamten Schuljahrs eine Stunde. Die Eltern klagten auf mindestens zwei Stunden Sportunterricht in der 3. Klasse.*

Die Klage der Eltern auf den vollständigen, in der Stundentafel des Bundeslands vorgesehenen Unterricht scheiterte. Die Stundentafel alleine verleiht den Eltern und Schülern keine Rechte, da sie lediglich eine interne Weisung des Kultus- oder Schulministeriums an die Schulleitungen ist, wie der Unterricht geplant werden soll (OVG Sachsen-Anhalt, Az.: 3 M 178/18). Der Staat vermeidet es möglichst, Vorgaben für Schulen mit konkreten Rechtsansprüchen von Eltern und Schülern zu verbinden. Ebenso wenig wie aus der Stundentafel ein Recht auf eine bestimmte Anzahl an Unterrichtsstunden abgeleitet werden kann, kann aus einem in der Landesverfassung oder dem Schulgesetz garantierten Recht auf Bildung auf ein Recht auf eine bestimmte Mindestzahl an Unterrichtsstunden geschlossen werden (OVG Sachsen-Anhalt, a.a.O.).

Klagen gegen Unterrichtsausfall könnten nur erfolgversprechend sein, wenn es möglich wäre, den Unterrichtsausfall zu verhindern, die Schule und die Schulaufsicht aber über längere Zeit nichts unternehmen, ohne dafür einen sachlichen Grund nennen zu können (zum Beispiel VG Halle, Az.: 6 B 232/18). Als sachlicher Grund ist aber jede plausible Begründung ausreichend. Es kommt nicht darauf an, ob die Eltern und Schüler den sachlichen Grund für besonders überzeugend halten. Ein gerichtlich einklagbarer Anspruch auf Unterricht ist gegeben, wenn der für das Bildungsziel oder den Schulabschluss unerlässliche Unterricht nicht erteilt wird. Das kann zum Beispiel der Fall sein, wenn prüfungsvorbereitender Unterricht ausfällt oder in der weiteren Schullaufbahn durch den Unterrichtsausfall entstandene Defizite nicht mehr ausgeglichen werden können. Fällt in der Grundschule die Hälfte oder ein Drittel des Sportunterrichts aus, sind diese Voraussetzungen offensichtlich nicht erfüllt (OVG Sachsen-Anhalt, a.a.O.).

Bessere Erfolgsaussichten als bei einer Klage haben Eltern, wenn sie und die Vertreter der Elterngremien mit der Schulleitung und der Schulaufsicht sprechen und nach Lösungen suchen. Schulleiter müssen Mitwirkungsgremien der Eltern auf deren Wunsch über die Unterrichtsversorgung und die Gründe für Unterrichtsausfälle informieren, weil dies entweder ausdrücklich in den Schulgesetzen vorgeschrieben ist oder die Elterngremien einen Informationsanspruch in allen wichtigen Angelegenheiten der Schule haben. Eine individuelle Klage oder Klagedrohung bleibt dabei trotz der geringen Erfolgsaussichten immer noch als letztes Mittel.

Der Staat verfügt über große Entscheidungsspielräume, wie viele Unterrichtsstunden erteilt werden, wie groß die Klassen sind, welche Qualifikation Lehrer besitzen müssen, welche Maßnahmen der individuellen Förderung es gibt und wie lange Sonderpädagogen Kindern mit Förderbedarf an Regelschulen zur Verfügung stehen.

Die Betreuung von zwei Klassen in verschiedenen Klassenräumen durch einen Lehrer sah das Vertretungskonzept einer Schule vor.

Viele Schulen haben für den Vertretungsunterricht auf Anweisung der Schulaufsicht Konzepte entwickelt. Elterngremien können sich über diese Konzepte informieren, zu ihrer Entwicklung beitragen und im Sinne einer guten Unterrichtversorgung auf die Abschaffung von Verschleierungsmaßnahmen wie der Betreuung von zwei Klassen, die in beiden Klassen als erteilter Unterricht gewertet wird, hinwirken. Die Beaufsichtigung zweier Klassen in zwei Klassenräumen kann zwar rechtlich zulässig sein, es dürfte einem Lehrer aber kaum möglich sein, in beiden Klassen Unterricht zu erteilen. Er wird normalerweise seine Klasse unterrichten und in der anderen Klasse lediglich Aufgaben zu selbstständiger Erledigung erteilen und durch gelegentliche Kontrollen und offene Türen für Sicherheit sorgen. Eltern könnten darauf dringen, den Unterricht in der lediglich beschäftigten und beaufsichtigten Klasse nicht als erteilten Unterricht zu werten. Nur wenn das wahre Ausmaß des Unterrichtsausfalls bekannt ist, kann mit qualifizierten Abhilfemaßnahmen und mehr Lehrereinstellungen gerechnet werden.

ENTSCHULDIGUNGEN UND ATTESTE

Eine Grundschülerin fehlte in der ersten Unterrichtsstunde. Sie kam häufiger ohne eine Benachrichtigung der Eltern nicht zur Schule. Die Schülerin verbrachte die ersten zwei Unterrichtsstun-

den auf einem Spielplatz und den Rest des Vormittags bei einer kranken Freundin. Die Mutter beschwerte sich, nicht sofort von der Lehrerin angerufen worden zu sein.

Eltern sind verpflichtet, die Schule zu informieren, wenn ihr Kind nicht zur Schule kommen kann, und die Schule muss auf Schulpflichtverletzungen reagieren und bei erkennbaren Gefahren handeln.

Die schnelle Information der Schule über ein Fehlen des Kindes liegt insbesondere bei jüngeren Schülern mindestens so sehr im Interesse der Eltern wie der Schule. Die Reaktion der Schule auf das Fehlen von Schülern hängt vom Alter der Schüler, den organisatorischen Möglichkeiten der Schule und der Gefahrenlage ab. Fehlt ein Grundschüler, dessen Eltern die Schule immer zuverlässig und schnell über eine Erkrankung oder ein Fehlen aus anderen Gründen informiert haben, ohne eine telefonische Mitteilung der Eltern, könnte das Fehlen auf eine Gefahrenlage hindeuten. Die Schule wird daher die Eltern anrufen, sobald eine Verspätung ausgeschlossen erscheint und der Anruf organisatorisch und pädagogisch möglich und zumutbar ist. Fehlen Kinder häufiger ohne eine Information der Schule durch die Eltern, kann eine Grundschule auf eine Nachfrage bei den Eltern verzichten, da keine Gefahrenlage erkennbar ist und eine Schulpflichtverletzung erst vorliegt, wenn das Fehlen im Nachhinein nicht entschuldigt wird.

Zweifeln Lehrer eine Entschuldigung an, da Schüler nur an Tagen einer Klassenarbeit oder ausschließlich an Montagen oder Freitagen oder nach einem anderen erkennbaren Muster krank sind, können sie ein ärztliches Attest fordern. Das Attest ist dann beim nächsten Fehlen vorzulegen.

Vor den Zeugniskonferenzen teilte die Klassenlehrerin einer Schülerin mit, sie werde zahlreiche unentschuldigte Fehlstunden auf dem Zeugnis haben, da sie wiederholt keine Entschuldigungen abgegeben und in zwei Fällen ohne Attest gefehlt hatte. Die Schülerin reichte die Entschuldigungen nach und legte zwei rückdatierte ärztliche Atteste vor.

Entschuldigungen müssen nach den Regelungen der Schulgesetze spätestens schriftlich vorliegen, wenn Schüler wieder die Schule besuchen. Lehrer dürfen sich auf diese gesetzlichen Vorgaben jedoch nur berufen, wenn sie schriftliche Entschuldigungen ausschließlich innerhalb von ein oder zwei Tagen nach dem Ende des Fehlens entgegennehmen. Dürfen Schüler auch später noch Entschuldigungen einreichen, kommt es darauf an, welche Frist Lehrer in der Praxis anwenden. Nimmt die Klassenlehrerin normalerweise Entschuldigungen noch bis kurz vor den Zeugniskonferenzen entgegen, darf sie die nachgereichten Entschuldigungen der Schülerin nicht wegen Verstoßes gegen die gesetzliche Frist ablehnen. Müssen bei dieser Klassenlehrerin Entschuldigungen innerhalb einer Woche nach dem Ende des Fehlens vorliegen, darf sie sich hingegen weigern, die zu spät nachgereichten Entschuldigungen zu akzeptieren.

Für ärztliche Atteste gelten dieselben Regeln wie für von den Eltern oder Schülern verfasste Entschuldigungen. Klassenlehrer müssen demnach Atteste, die von Schülern nicht innerhalb der in der Klasse üblichen Frist eingereicht werden, nicht anerkennen. Hält der Arzt die Ausstellung eines rückdatierten Attests für möglich, bieten die Regelungen für Arbeitsunfähigkeitsbescheinigungen einen guten Anhaltspunkt für die Anerkennung durch die Schule. Diese Regelungen sehen eine Rückdatierung nur in Ausnahmefällen vor und halten sie normalerweise nur für zwei Tage für zulässig. Letztlich entscheidend ist auch hier die in der Klasse praktizierte Frist: Beträgt die Frist drei Tage, wird ein rückdatiertes Attest innerhalb der drei Tage anerkannt und am vierten Tag abgelehnt.

Für Eltern ist es wichtig, die in der Praxis der Schule geltende Frist bei Entschuldigungen einzuhalten, da selbst ein ärztliches Attest nach Fristablauf keine wirksame Entschuldigung mehr darstellt. Die

Schule bezweifelt dann nicht die ärztliche Diagnose, sondern stellt den Fristablauf fest, der eine Ablehnung rechtfertigt.

> *Ein Hausarzt attestierte einem Kind Belastungssymptome, die auf der gestörten Beziehung zu einem Lehrer und zu Klassenkameraden beruhten, und empfahl einen Wechsel der Klasse.*

Das ärztliche Attest überschreitet die Grenzen ärztlicher Diagnostik und Therapie. Der Hausarzt kann Belastungssymptome feststellen, möglicherweise auch eine Ursache in der Schule vermuten, aber medizinisch nicht über die richtige pädagogische Reaktion der Schule entscheiden. Der Hausarzt hat daher auch keine Entscheidung vorgegeben, sondern lediglich eine unverbindliche Empfehlung ausgesprochen. Der Schulleiter muss diese Empfehlung bei seiner Entscheidung über den Klassenwechsel berücksichtigen, ohne durch sie gebunden zu sein. Er trifft eine pädagogische und keine medizinische Entscheidung. Er wird den Klassenlehrer um eine Stellungnahme bitten, die mögliche Konfliktsituation, ihre Ursachen und Lösungen ebenso wie die Auswirkungen auf den Bildungsweg des Schülers, auf die aufnehmende Klasse und sonstige schulische Rahmenbedingungen bedenken. All diese Gesichtspunkte sind dem Arzt nicht bekannt.

Haben die Eltern gute Gründe für den Klassenwechsel, ist es erfolgversprechender, der Schulleitung diese Gründe zu erläutern und allenfalls ein ärztliches Attest mit der Diagnose von Belastungssymptomen ohne eine ohnehin unverbindliche Handlungsempfehlung vorzulegen, da Schulleiter ein ärztliches Attest, das zu einer inhaltlich gut begründeten Entscheidung kaum beiträgt, als Druckmittel wahrnehmen könnten. Die Eltern würden dann die vertrauensvolle Zusammenarbeit gefährden und ihren Einfluss auf die Entscheidung der Schulleitung vermindern.

FOTOS

Jeder Schulleiter oder für die Homepage der Schule verantwortliche Lehrer weiß, dass er Fotos von Schülern nicht ohne Zustimmung der Eltern oder Schüler auf der Homepage veröffentlichen darf. Für Aufnahmen, die nur für den Gebrauch des Lehrers gemacht werden, wie Fotos für einen Sitzplan oder Videos im Sportunterricht, benötigen Lehrer ebenfalls die Einwilligung der Eltern oder Schüler.

»Das dürfen Sie nicht«, hielt ein Schüler einem Lehrer entgegen, der im Chemieunterricht der 7. Klasse Fotos der Schüler gemacht hatte, um sich deren Namen besser einprägen zu können, und vorher im Sportunterricht Schülerinnen beim Tanzen gefilmt hatte, um ihre Leistungen besser bewerten zu können, und diese Aufnahmen auf einem privaten Datenträger gespeichert hatte.

Es bestand keine Verpflichtung der Schüler oder Eltern, den Aufnahmen zuzustimmen, und es lag keine Einwilligung vor. Das Argument des Lehrers, die Eltern hätten eingewilligt, wenn er sie über den Zweck der Aufnahmen informiert hätte, bezeichnete das Gericht (OVG NRW, Az.: 3d A 1203/16) als Vermutung ohne jeden Anhaltspunkt, die zudem der Widerspruch einiger Schüler als unwahrscheinlich erscheinen lasse. Das Gericht verhängte als Disziplinarmaßnahme eine Geldbuße.

Die auch für die Schulen geltende Datenschutzgrundverordnung hat die Anforderungen an eine Einwilligung verschärft. Das Fotografieren erkennbarer Personen stellt eine Datenerhebung dar und bedarf der Einwilligung. Der Zweck der Verwendung des Fotos muss präzise angegeben werden. Eine Generaleinwilligung ist nicht zulässig. Die Einwilligung kann nicht nachträglich eingeholt werden und muss freiwillig erfolgen. Die Schriftform ist zwar nicht zwingend vorgeschrieben, da der Fotograf aber die Einwilligung beweisen muss, bietet nur eine schriftliche, unterschriebene Einwilligung die notwendige rechtliche Sicherheit.

Ob eine Einwilligung der Eltern erforderlich ist oder die Schüler einwilligen können, hängt bei Fotos und Videos ebenso wie bei anderen Formen der Datenerhebung und Datenverarbeitung von der Einwilligungsfähigkeit der Schüler ab. Für die Einwilligungsfähigkeit gibt es keine Altersgrenze. Minderjährige sind einwilligungsfähig, wenn sie die Bedeutung und Tragweite der Einwilligung und ihre rechtlichen Folgen erfassen und sich auf dieser Grundlage entscheiden können. Ausschlaggebend sind der Entwicklungsstand der Schüler und die Komplexität der Situation. Bei einer Veröffentlichung von Fotos und Videos auf einer Homepage ist davon bei normal entwickelten Schülern spätestens mit Vollendung des 14. Lebensjahres auszugehen. 14 Jahre sind ein sicherer Orientierungspunkt, da die Straf- und die Religionsmündigkeit der Schüler mit Vollendung des 14. Lebensjahres eintritt. Warum sollte ein Schüler für strafbare Handlungen verantwortlich gemacht werden oder über seine Religionszugehörigkeit entscheiden, aber nicht in die Veröffentlichung seines Fotos auf der Homepage der Schule einwilligen können?

Die in der Datenschutzgrundverordnung genannte Altersgrenze von 16 Jahren gilt nur für einige Ausnahmefälle. Sie greift bei einem Angebot von Diensten der Informationsgesellschaft, das einem Kind direkt gemacht wird, und ist in der Schule nur in bestimmten Fällen der Nutzung sozialer Medien, Apps und anderer Aktivitäten im Rahmen der Digitalisierung von Schulen von Bedeutung.

Unterschreiben Eltern bei der Aufnahme ihres Kindes in die Schule eine allgemeine Erklärung wie »Ich bin damit einverstanden, dass Fotos zu schulischen Zwecken gemacht werden«, handelt es sich nicht um eine wirksame Einwilligung, da sie überhaupt nicht erkennen lässt, in welcher Situation Fotos zu welchem Zweck gemacht werden dürfen. Der Einwilligende muss über die Verwendung der Fotos informiert worden sein, sich also beispielsweise mit der Veröffentlichung von Fotos der Klassenfahrt auf der Homepage der Schule einverstanden erklärt haben. Die Datenträger müssen gegen den Zugriff Dritter geschützt werden.

Wie jede Einverständniserklärung muss auch die Einwilligung freiwillig erfolgen. Die Freiwilligkeit fehlt beispielsweise, wenn ein Sportlehrer behauptet: »Ohne die Videoaufnahmen kann ich eure Leistungen nicht so gut beurteilen und halte sie vielleicht für schlechter, als sie es tatsächlich sind.« Eventuell sich aus der Verweigerung der Einwilligung ergebender Nachteile führt zur Ungültigkeit der Einwilligung.

UNTERRICHTSINHALTE UND RELIGION

Die Religion prägt die Kultur, daher ist die Vermittlung von Kenntnissen über Religionen Teil des Bildungsauftrags der Schulen.

Schüler besuchten im Rahmen des Politik- und Sozialkundeunterrichts eine Kirche, eine Moschee und eine Synagoge. Priester, Imame und Rabbiner trugen zum Teil liturgische Gewänder, erläuterten die Bedeutung der Ausstattung der Gebäude und sprachen oder sangen typische religiöse Formeln und Gebete.

Die Schüler sind verpflichtet, an diesen unterrichtlichen Veranstaltungen teilzunehmen. Ein Befreiungsantrag, der sich auf einen Eingriff in die Religionsfreiheit beriefe, würde scheitern, da nicht alles, was mit Religion zu tun hat, automatisch die Religionsfreiheit berührt. Bei den Besuchen wurden Informationen aus erster Hand vermittelt, ohne dass die Schüler religiöse Handlungen vornehmen mussten, sie in religiöse Handlungen einbezogen wurden oder der Versuch einer Missionierung unternommen wurde. Sollte das der Fall sein, wäre der Lehrer verpflichtet, die Unterlassung zu fordern oder den Besuch sofort abzubrechen.

Weihnachtslieder wurden im Musikunterricht gesungen und besprochen. Eltern, die keiner Religionsgemeinschaft angehörten, beschwerten sich wegen »dieser christlichen Indoktrination«.

Der Musikunterricht soll musikalisch-kulturelle Traditionen vermitteln und die geschichtlichen, biografischen und religiösen Bezüge musikalischer Werke erläutern. Ob Schüler und Eltern Weihnachtslieder als religiöse Botschaft oder ausschließlich als Kulturgut ansehen, bleibt ihnen überlassen. Zum Musikunterricht gehört auch die Praxis, also das Singen der Lieder, ohne dass damit eine religiöse Handlung verlangt würde. Die Religionsfreiheit verleiht daher keinen Anspruch auf Befreiung, und ein gestellter Befreiungsantrag wäre abzulehnen, da in einer religiös und kulturell vielgestaltigen Gesellschaft Unterricht die Begegnung mit vielen, auch religiös gefärbten Kulturgütern ermöglichen soll.

BEURLAUBUNG

Die Beurlaubung ihrer Kinder, die zwei verschiedene Schulen besuchten, beantragten die Eltern, um über ein verlängertes Wochenende an einem internationalen Seglertreffen teilnehmen zu können. Eine Schule genehmigte die Beurlaubung, die andere lehnte sie ab.

Die Schule hat bei Kann-Vorschriften, zum Beispiel: »Der Schulleiter kann Schüler auf Antrag der Eltern aus wichtigem Grund beurlauben«, einen Entscheidungsspielraum. Der Anspruch der Eltern und Schüler auf eine rechtmäßige Entscheidung ist kein Anspruch auf eine bestimmte Entscheidung, sondern auf eine willkürfreie und nicht schikanöse Entscheidung.

Die Schule legt zunächst fest, welche Gesichtspunkte sie berücksichtigen will. Der einen Schule ist die allgemeine Zuverlässigkeit der Eltern und des Schülers, einer anderen die Leistungsstärke, die

Häufigkeit des Fehlens oder das soziale Verhalten des Schülers wichtig. Von Bedeutung könnten auch die befriedenden oder konfliktreichen Folgen einer Befreiung sein. Welche von diesen und weiteren denkbaren Gesichtspunkten die Schule berücksichtigt, liegt ebenso in ihrer Entscheidung wie die deren Gewichtung.

Entscheiden Schulen scheinbar gleiche Fälle unterschiedlich, darf nicht der Schluss gezogen werden, nur eine der gegensätzlichen Entscheidungen könne rechtmäßig sein. Die Schulen dürfen ihren Entscheidungen verschiedene Kriterien zugrunde legen und diese unterschiedlich gewichten. Eltern, die mit guten Gründen argumentieren, die Schule hätte auch eine andere Entscheidung treffen können, haben damit den Entscheidungsspielraum der Schule zutreffend beschrieben, aber nicht die Rechtswidrigkeit der schulischen Entscheidung nachgewiesen. Die Kriterien und die Überlegungen der Schule müssen nachvollziehbar und sachgerecht sein, aber nicht den von den Eltern für genauso gut oder besser gehaltenen Kriterien und Überlegungen entsprechen.

Die Eltern zweier Schüler, die dieselbe Schule besuchen, beantragten eine Beurlaubung. Die Schulleitung lehnte den Antrag der einen Eltern ab und genehmigte den der anderen Eltern.

Innerhalb einer Schule gilt der Anspruch auf Gleichbehandlung. Haben nicht zwei verschiedene Schulen, sondern hat eine Schule über die Anträge der Eltern zweier Mitschüler entschieden, hat sie einen geringeren Entscheidungsspielraum. Sie muss bei allen Beurlaubungsanträgen dieselben Kriterien zugrunde legen und gleich gewichten. Eine Beurlaubung darf nur noch bei einem Schüler genehmigt und bei seinem Mitschüler abgelehnt werden, wenn die beiden Fälle nicht gleich sind, beispielsweise der eine Schüler leistungsstark ist und den während der Beurlaubung kurz vor einer Klassenarbeit versäumten Unterrichtsstoff leicht nachholen kann, während der andere Schüler schlechte Noten hat und dazu kaum in der Lage sein wird.

Für die Eltern und die Schule ist es daher wichtig, dass alle für relevant gehaltenen Gesichtspunkte und deren Bedeutung vor der Entscheidung in einem Gespräch genannt und gemeinsam erörtert werden. Die Eltern können so alle ihnen wichtigen Tatsachen und Argumente in die Entscheidungsfindung einbringen und sich mit denen der Schulleitung auseinandersetzen.

NEUTRALITÄTSPFLICHT DER LEHRER

Der Staat darf Inhalte, Ziele und Methoden des Unterrichts sehr frei gestalten, da es kaum verfassungsrechtliche Vorgaben gibt. Das Elternrecht und die Schülerrechte verleihen keinen Anspruch auf bestimmte Unterrichtsziele, Unterrichtsinhalte und -methoden, sondern ziehen durch die Verpflichtung des Staates zur Neutralität eine äußerste Grenze, die nicht überschritten werden darf. Alle Schulgesetze verpflichten die Schulen zur Neutralität in politischen, religiösen und weltanschaulichen Fragen.

Neutralität darf nicht als Verzicht auf jede Wertung verstanden werden, da Erziehung ohne Werte und Wertungen nicht möglich ist. Die Schule soll den Schülern moralisch-ethische Werte, Maßstäbe und Verhaltensweisen wie Gewaltfreiheit, Respekt vor anderen Menschen und Rücksichtnahme, die Voraussetzungen eines sozialen Zusammenlebens sind, vermitteln. Die Schüler sollen zu Bürgern eines freiheitlich-demokratischen Rechtsstaats erzogen werden, die jede Form von Diktatur und Rechtlosigkeit ablehnen.

Stimmen Lehrer und Eltern bei diesen fundamentalen Erziehungszielen nicht überein, können Eltern nicht die Neutralitätspflicht der Schule ins Feld führen. Lehrer verstoßen nicht gegen ihre Neutralitätspflicht, wenn sie Auffassungen wie »Der ist eben ein Opfer« oder »Mein Glaube steht über dem Gesetz« in aller Deutlichkeit zurückweisen.

Die Meinungsfreiheit gehört – wie das Bundesverfassungsgericht in seinen Entscheidungen immer wieder betont hat – zu den wichtigsten Pfeilern der Demokratie. Die Schüler sollen in der Schule lernen, sich eine eigene Meinung zu bilden und andere Meinungen zu respektieren. Lehrer werden sich zu vielen Fragen bereits eine persönliche Meinung gebildet haben, die von den Überzeugungen und Einschätzungen der Eltern und Schüler deutlich abweichen kann.

Sie sei »unwählbar« und ihre Wähler seien »verführt« oder »verantwortungslos«, äußerte eine Lehrerin im Deutschunterricht einer 9. Klasse über eine Partei. Einem Schüler, der einen bestimmten Standpunkt dieser Partei für »gar nicht so schlecht« hielt, entgegnete sie, das könne man nur meinen, wenn man zu dumm sei, die Fakten zu kennen, oder sie wegen der eigenen Vorurteile nicht kennen wolle.

Die Neutralitätspflicht ist nicht gleichzusetzen mit einem Meinungsäußerungsverbot für Lehrer. Wie sollten Schüler lernen, eine eigene Meinung zu vertreten und die Meinung anderer zu achten, wenn Lehrer ihre eigene Meinung verschweigen müssten? Meinungsäußerungen von Lehrern sind demnach kein Akt der Selbstverwirklichung, sondern ein Beitrag zum Unterricht und zur Erziehung der Schüler, bei dem die Schüler Offenheit und Toleranz gegenüber unterschiedlichen religiösen, weltanschaulichen und politischen Überzeugungen lernen sollen und Lehrer alles vermeiden müssen, was die Empfindungen von Menschen mit anderen Überzeugungen verletzen könnte.

Ausmaß und Art politischer, religiöser und weltanschaulicher Äußerungen der Lehrer hängen vom Alter und intellektuellen Entwicklungsstand der Schüler sowie vom Unterrichtsfach ab. Was im Politikunterricht zur Normalität gehören kann, darf im Mathematikunterricht nur die seltene Ausnahme bilden. Zu berücksichtigen ist auch, ob die Äußerung auf Nachfrage der Schüler oder auf Initiative der Lehrer erfolgt, da Lehrer Schülern nicht ihre Meinung aufdrängen dürfen, sie auf Nachfrage aber auch nicht verschweigen müssen.

Lehrer müssen die Auffassungen der Schüler und die Überzeugungen der Eltern achten. Verboten ist ihnen eine gezielte Beeinflussung oder gar Agitation im Sinne einer bestimmten politischen, ideologischen oder weltanschaulichen Richtung. Den Erziehungsintentionen der Eltern dürfen Lehrer nicht mit Absolutheitsanspruch entgegentreten (BVerfG, Az.: 1 BvR 1170/88).

Den Äußerungen der Lehrerin fehlen Offenheit, Toleranz und Zurückhaltung. Sie wertete die Wahlentscheidung, die möglicherweise die Eltern der Schüler getroffen hatten, radikal ab. Ihre Äußerungen dienten nicht der Meinungsbildung, sondern der Indoktrination. Sie versuchte, den Schülern ihre Meinung aufzuzwingen, zeichnete keine kontroversen politischen Standpunkte nach und förderte nicht die selbstständige und eigenverantwortliche Urteilsbildung der Schüler. Anders wären die Äußerungen zu bewerten, wenn die Lehrerin sie als persönliches Bekenntnis (»Diese Partei würde ich nicht wählen«) und mit dem Ziel kritischer Erörterung (»Was spricht für und gegen diesen Standpunkt der Partei?«) formuliert hätte. Dabei sind die Formulierungen wichtig, letztlich entscheidend ist in jedem Fall die Haltung der Lehrer. Respektierten sie tatsächlich auch andere Entscheidungen und setzen sie voraus, es gibt gute Argumente für alle Standpunkte, die eine Abwägung erfordern, oder bieten sie eine Scheindiskussion an, in der sie lediglich andere Argumente als falsch »entlarven« wollen.

Zweifeln Eltern an der Neutralität eines Lehrers, entspricht es einer vertrauensvollen Zusammenarbeit, zunächst das persönliche Gespräch zu suchen. Verstärkt das Gespräch den Eindruck, der Lehrer wolle nicht lediglich in angemessener Weise seine persönliche Meinung äußern, sondern Standpunkte der Schüler und Eltern abwerten, um im Sinne seiner Auffassungen indoktrinieren zu können, dienen Beschwerden bei der Schulleitung und in gravierenden Fällen bei der Schulaufsicht der Abwehr dieses Eingriffs in Eltern- und Schülerrechte. Sollten Schulleitung und Schulaufsicht keine Abhilfe schaffen, können die Landeselternvertretung oder Elternverbände im Land um Unterstützung durch eine Intervention beim Kultusministerium oder eine öffentliche Stellungnahme gebeten werden. Dieser Weg liegt auch nahe, wenn nicht das Verhalten einzelner Lehrer, sondern die Gesamtsituation an einer Schule die Neutralitätspflicht verletzt.

Wenden Eltern sich mit nachweisbar zutreffenden Tatsachenbehauptungen stattdessen an parteipolitisch organisierte Beschwerdeportale, verstoßen sie nicht gegen das Recht, verlassen aber den Weg der vertrauensvollen Zusammenarbeit und haben das weitere Geschehen nicht mehr in der Hand. Nicht die Berechtigung ihres persönlichen Anliegens steht dann im Mittelpunkt der öffentlichen Diskussion, sondern die politischen Absichten aller Beteiligten.

Schüler dürfen im Unterricht ihre Meinung unbegrenzter als Lehrer äußern, da ihre Mitschüler zu ihnen nicht in einem Abhängigkeitsverhältnis stehen und sie eine kritische Reflexion und Toleranz erst noch lernen sollen. Für Schüler kann sich nicht nur die Frage stellen, ob sie ihre Meinung äußern dürfen, sondern auch, ob sie ihre persönlichen Überzeugungen offenlegen müssen. Es gehört zur Meinungsäußerungsfreiheit, die eigene Meinung nicht äußern zu müssen.

> *»Deine Argumente klingen stark nach den Positionen der X-Partei. Teilst du deren Standpunkt?«, fragte der Lehrer eine Schülerin bei der Rückgabe einer Klassenarbeit im Fach Politik.*

Die Erörterung politischer, religiöser oder weltanschaulicher Auffassungen kann Bestandteil des Unterrichts sein, und Schüler verweigern die Leistung, wenn sie eine Darstellung der Argumente und eigene Schlussfolgerungen verweigern. Es verstieße gegen das Grundrecht der negativen Meinungsfreiheit von Schülern, eine Offenlegung ihrer persönlichen Entscheidung oder ein Bekenntnis zu einer bestimmten Überzeugung zu verlangen. Die Fragestellung muss daher entsprechend offen angelegt sein, und der Lehrer darf im Zusammenhang mit einer Leistungsbewertung oder dem Unterricht kein persönliches Bekenntnis eines Schülers fordern.

Die positive Meinungsäußerungsfreiheit soll eine offene und wirkungsvolle Meinungsbildung ermöglichen, die negative Meinungsäußerungsfreiheit soll Gesinnungsdruck verhindern. Die negative Seite der Meinungsäußerungsfreiheit hat für Schüler, Eltern, Lehrer und Bürger im Allgemeinen eine mindestens ebenso große Bedeutung wie die positive Meinungsäußerungsfreiheit.

LEHRERÄUSSERUNGEN

Unterricht ist ein kommunikativer Prozess, und Kommunikation kann misslingen. Nicht jede negative Äußerung verletzt die Persönlichkeitsrechte. Eine unsinnige Antwort darf als Unsinn und unsoziales Verhalten als unsozial bezeichnet werden. Die negative Bewertung eines Verhaltens ist Teil jeder Erziehung, und die Formulierung muss nicht immer vornehm zurückhaltend ausfallen. Doch keine Fehlleistung und kein Fehlverhalten eines Schülers rechtfertigen einen den Erziehungszielen der Schule widersprechenden Eingriff in die Persönlichkeitsrechte (VG Düsseldorf, Az.: 18 K 2667/07). Die Erziehungsziele gehen über den strafrechtlichen Schutz vor Beleidigungen, übler Nachrede und Verleumdung hinaus.

»Übe weiter Musik, mit Biologie wird das nichts«, äußerte ein Lehrer gegenüber einer Schülerin bei der Rückgabe einer Klassenarbeit. Die Schülerin hatte ihm vorher auf die Nachfrage, warum ihre Leistungen so schlecht seien, erklärt, lieber für eine erhoffte Karriere als Musikerin zu üben, als für Biologie zu lernen. Der-

selbe Lehrer forderte einen Schüler auf, sich vor der Klasse als Strafe für nicht angefertigte Hausaufgaben auf beide Wangen zu schlagen, und hatte zu einer nach einem schlechten Referat vor der Klasse weinenden Schülerin gesagt, wenn sie Probleme habe, gehöre sie nicht an diese Schule.

Der Lehrer klagte gegen die Abmahnungen, die er wegen dieser Vorfälle erhalten hatte. Das Landesarbeitsgericht (LAG Sachsen-Anhalt, Az.: 6 Sa 352/14) sah die Selbstbestrafung des Schülers und die Bemerkung gegenüber der weinenden Schülerin als Pflichtverstöße an, da der Lehrer durch Herabwürdigung der Schüler gegen das Erziehungsziel der Achtung der Würde anderer und das Verbot in Paragraf 1631 Abs. 2 BGB (»Kinder haben ein Recht auf gewaltfreie Erziehung. Körperliche Bestrafungen, seelische Verletzungen und andere entwürdigende Maßnahmen sind unzulässig«) verstoßen habe. Den Fall der musizierenden Schülerin beurteilte das Gericht anders, da der Lehrer nur die von der Schülerin selbst gegebene Erklärung für ihre schlechten Leistungen aufgegriffen und sie nicht unter Missbrauch seiner Autorität vor der Klasse bloßgestellt habe. Es hob daher diese Abmahnung auf.

Einen Schüler aufzufordern, sich selbst auf beide Wangen zu schlagen, ist unabhängig vom Zusammenhang verboten. Häufig hängt die Bedeutung einer Äußerung aber vom Kontext ab. Ist eine Lehreräußerung, wie die Bemerkung gegenüber der musizierenden Schülerin, pädagogisch unpassend (Lehrer dürfen Schüler nicht auffordern, das Lernen aufzugeben), im Zusammenhang mit den vorherigen Äußerungen der Schülerin aber keine Bloßstellung, erfordert sie keine dienst- oder arbeitsrechtlichen Konsequenzen.

Eltern, die bei pädagogisch ungeschickten oder misslungenen Äußerungen vorschnell dienst- oder arbeitsrechtliche Konsequenzen fordern, gefährden einen ungezwungenen Umgang von Lehrern und Schülern. Welcher Schüler möchte schon von sich ausschließlich sachbezogen, stets distanziert-kontrolliert äußernden Lehrern unterrichtet werden? Eine lediglich unpassende Äußerung entzieht sich zudem ohnehin der rechtlichen Beurteilung. Auf der Basis einer vertrauensvollen Zusammenarbeit werden Lehrer bereit sein, eine unpassende Äußerung auch als solche zu bezeichnen, und Eltern nicht den zum Scheitern verurteilten Versuch unternehmen, aus einer misslungenen Äußerung einen schwerwiegenden Verstoß gegen Dienstpflichten wie die Wahrung des Ansehens des öffentlichen Dienstes zu konstruieren.

DEMONSTRATIONEN

Einem Demonstrationsaufruf während der Unterrichtszeit für Maßnahmen gegen den Klimawandel und für einen schnellen Verzicht auf Kohle zur Stromerzeugung (»Fridays for Future«) wollten Schüler folgen. Die Schulleitung verweigerte die Unterrichtsbefreiung und kündigte an, die Fehlzeiten als unentschuldigt in die Zeugnisse einzutragen.

Zur Teilnahme an Demonstrationen während der Unterrichtszeit dürfen Schüler nach den Vorgaben der Kultusministerkonferenz nur in seltenen Ausnahmefällen von der Pflicht zur Teilnahme am Unterricht befreit werden. Das kann der Fall sein, wenn eine Demonstration spontan stattfindet und zu einem späteren Zeitpunkt viel von ihrer Wirksamkeit verlöre (VG Hamburg, Az.: 2 K 3422/10). Würde in einer Schule wiederholt die Heizung für viele Stunden ausfallen und geschähe das wieder an einem sehr kalten Tag, könnten die Schüler spontan auf diesen unzumutbaren Zustand durch eine Demonstration aufmerksam machen.

Findet eine Demonstration zur Unterrichtszeit statt, die nicht von Schülern organisiert wurde und die nicht in die Unterrichtszeit gelegt wurde, um möglichst viele Schüler zur Teilnahme zu veranlassen, kann die Schule auf Antrag der Eltern einzelne Schüler für eine Teilnahme vom Unterricht befreien, wenn die Eltern dieser Schüler für die Schule glaubhaft ein besonderes persönliches Interesse ihres Kindes an der Teilnahme darlegen können. Die Schule darf das konkrete Anliegen der Demonstration nicht bewerten, da sie damit gegen ihre politische Neutralitätspflicht verstieße. Die Beurlaubung kann nur verweigert werden, wenn Gewalttätigkeiten zu befürchten oder die Demonstrationsziele verfassungsfeindlich sind oder schwerwiegend gegen grundlegende schulische Erziehungsziele verstoßen.

Hätte die Schulleitung die Schüler zur Teilnahme an der Demonstration »Fridays for Future« vom Unterricht befreit, hätte sie rechtswidrig gehandelt und gegen die Vereinbarung der Kultusministerkonferenz verstoßen, da die Demonstration von Schülern organisiert und in die Unterrichtszeit gelegt wurde, um möglichst große Teilnehmerzahlen zu erreichen. Eine Befreiung vom Unterricht ist daher nicht nur für zahlreiche Schüler einer Schule, sondern auch für einige wenige Schüler ausgeschlossen. Wie das Verwaltungsgericht Berlin in einem anderen Fall formuliert hat: »Es kann sich der Eindruck aufdrängen, … dass teilweise Unterrichtsausfälle gerade beabsichtigt sind, um dem Anliegen der Veranstalter Nachdruck zu verleihen und eine stärkere Beteiligung vor allem der Schülerschaft zu erreichen« (VG Berlin, Az.: 3 A 1768.97).

Mit dem in einigen Landesverfassungen und Schulgesetzen verankerten Erziehungsziel des Schutzes der natürlichen Lebensgrundlagen kann eine Demonstrationsteilnahme ohne Unterrichtsbefreiung nicht gerechtfertigt werden. Einzelne Erziehungsziele dürfen nicht verabsolutiert werden, sondern müssen in Beziehung zu anderen Erziehungszielen gesetzt werden. Die Schule darf Schülern nicht eine bestimmte politische Entscheidung in einer bestimmten Sachfrage (Beispielsweise bei »Fridays for Future«: Wie schnell und vorrangig soll ein Kohleausstieg erfolgen?) als einzig richtige vermitteln, sondern muss sie befähigen, mündig, kritikfähig, entscheidungsfähig und tolerant zu werden. Dieser Entscheidungsprozess und die Akzeptanz der Entscheidungen anderer sind das Bildungsziel, nicht ein bestimmtes Ergebnis des Entscheidungsprozesses.

Eine Beurlaubung zahlreicher Schüler für eine Demonstrationsteilnahme oder gar eine von der Schule organisierte oder ausdrücklich befürwortete Teilnahme, beispielsweise getarnt als von einem Lehrer geleitete »Exkursion«, unter Hinweis auf den politischen Bildungsauftrag der Schulen und den hohen Wert des Demonstrationsrechts wäre rechtswidrig und verstieße nicht nur gegen die Interessen der Eltern und Schüler mit einer anderen Meinung, sondern sogar gegen die der Eltern und Schüler, die das Anliegen der Demonstration teilen. Eine Förderung und Unterstützung von Demonstrationen durch die Schule würde die Eltern- und Schülerschaft der Schule spalten, vor allem aber eine Gesinnungsprüfung und einen Anpassungsdruck schaffen, da Eltern und Schüler sich für alle Lehrer, Eltern und Schüler deutlich sichtbar für oder gegen eine Demonstrationsteilnahme entscheiden müssten. Anliegen, die von einer großen Mehrheit befürwortet werden, würden die Problematik nicht vermindern, sondern verschärfen, da dann erst recht ein Bekenntnis gefordert und der Anpassungsdruck steigen würde. Erfährt die Schulaufsicht durch eine Elternbeschwerde oder auf anderem Wege von einer wie auch immer gearteten aktiven Unterstützung einer Demonstration durch die Schule, muss sie der Schule diesen Verstoß gegen ihre Neutralitätspflicht untersagen.

ELTERNMITARBEIT

Einige Länder regeln die Mitarbeit der Eltern im Unterricht gesetzlich und sehen Konferenzbeschlüsse vor, die Grundsätze für die Mitarbeit festlegen oder eine Mitarbeit genehmigen.

Eltern, die in einer Unterrichtsstunde ihren Beruf vorstellen oder als Experten zur Verfügung stehen, arbeiten nicht im Unterricht mit. Ihre Einbeziehung in den Unterricht ist daher rechtlich unproblematisch und bedarf keiner gesetzlichen Grundlage, sondern lediglich der Absprache mit dem Lehrer und der Zustimmung der Schulleitung.

Nehmen Eltern hingegen über längere Zeit unterrichtliche Aufgaben wie die Mitarbeit im Sportunterricht, bei Projekten, bei Übungs- oder Vertiefungsphasen oder bei der Teilung einer Lerngruppe wahr, beurteilt der Lehrer die fachliche und pädagogische Eignung der Person und die Schulleitung prüft die kinder- und jugendschutzrechtliche Unbedenklichkeit. Das gilt auch, wenn Eltern eine Klassenfahrt oder Exkursion begleiten. Einige Schulgesetze machen das Einverständnis aller Eltern vor einer Mitarbeit im Unterricht zur Bedingung. Über die Begleitung bei Klassenfahrten und Exkursionen entscheiden ausschließlich die Lehrer und die Schulleitung.

Die Eltern unterliegen der Verschwiegenheitspflicht und sollten eine entsprechende Erklärung unterschreiben. Die Leistungen der Schüler beurteilt ausschließlich der Lehrer. Er darf sich daher nicht aus dem Unterricht zurückziehen und diesen für längere Zeit den Eltern überlassen.

Im Gegensatz zur Begleitung bei Exkursionen und Fahrten wird die Mitarbeit im Unterricht nur sehr selten praktiziert, da Eltern die Zeit fehlt, der Aufwand für Lehrer und Eltern sehr groß ist, rechtliche Hürden zu überwinden sind und die Qualität des Unterrichts nur selten gesteigert wird. Weit häufiger sind von Eltern durchgeführte Arbeitsgemeinschaften oder eine Mitwirkung bei Fördermaßnahmen wie dem Lesetraining mit Schülern, an dem die Schüler freiwillig mit dem Einverständnis ihrer Eltern teilnehmen, die damit auch der unterrichtsbezogenen Tätigkeit der anderen Eltern zugestimmt haben.

UNTERRICHTSBESUCH

Die Hälfte der Bundesländer ermöglicht durch eine ausdrückliche Regelung im Schulgesetz den Unterrichtsbesuch durch Eltern. Diese Schulgesetze geben Eltern keinen Anspruch auf einen

Unterrichtsbesuch, sondern gestatten es Lehrern, einen Unterrichtsbesuch – häufig mit Genehmigung der Schulleitung und Zustimmung der Elternvertretung – zuzulassen. Einige Gesetze fordern ausdrücklich die Zustimmung des Lehrers, andere eine Absprache mit dem unterrichtenden Lehrer. Ohne gesetzliche Grundlage ist ein Unterrichtsbesuch durch Eltern nicht möglich, da er nicht unerheblich in die Rechte der beobachteten Schüler und Lehrer eingreift. Erheben Eltern anderer Schüler Einwände gegen den Unterrichtsbesuch, muss der Lehrer diese Einwände prüfen und wird in der Regel den Unterrichtsbesuch ablehnen, um ein Zerwürfnis in der Elternschaft zu verhindern, die Rechte der Schüler zu schützen und Unterrichtsbesuchswünsche nicht überhandnehmen zu lassen. Alle Eltern haben einen Anspruch auf Gleichbehandlung. Wird einem Elternpaar oder Elternteil der Besuch gestattet, bedarf es einer besonderen Begründung, wenn der Wunsch anderer Eltern abgelehnt wird.

> *Als Opfer der übertrieben strengen Maßstäbe des Lehrers und des Mobbings durch Mitschüler sahen Eltern ihr Kind, das häufig den Unterricht störte. Der Klassenlehrer bot der Mutter an, den Unterricht zu besuchen, um sich selbst ein Bild zu machen. Die Mutter äußerte gegenüber anderen Eltern über einen Schüler, den sie für den Initiator des Mobbings hielt: »Den werde ich mir mal genauer ansehen.«*

Der Unterrichtsbesuch dient der Information und Beratung der Eltern mit Blick auf ihr Kind. Er rechtfertigt keine Kontrolle anderer Schüler oder des Lehrers. Der Lehrer dürfte sein Einverständnis zum Unterrichtsbesuch zurückziehen, wenn er von der Äußerung der Mutter erführe, da die Mutter diesen offenbar nicht als Möglichkeit auffasst, eine bessere Grundlage für ein Gespräch mit dem Lehrer über das Verhalten ihres Kindes zu schaffen, sondern als Gelegenheit, ein anderes Kind zu beobachten.

Ob ein Unterrichtsbesuch der Eltern ein bis dahin fehlendes Verständnis und Vertrauen zwischen Eltern und Lehrern schaffen kann, ist ebenso fraglich wie seine Notwendigkeit bei einem bestehenden Vertrauensverhältnis.

ZUSAMMENFASSUNG: WAS ELTERN WISSEN SOLLTEN

- Aus der gesetzlichen Verpflichtung der Lehrer zur individuellen Förderung der Schüler lassen sich keine konkreten Ansprüche der Schüler und Eltern ableiten.
- Das Recht auf Bildung verschafft Eltern und Schülern kein Recht auf gewünschte Unterrichtsinhalte, Unterrichtsmethoden oder eine für angemessen gehaltene sachliche oder personelle Ausstattung der Schulen.
- Weder aus der Stundentafel noch aus den Länderverfassungen oder den Schulgesetzen kann ein Recht auf vollständigen Unterricht oder auf eine bestimmte Mindestzahl an Unterrichtsstunden abgeleitet werden. Klagen gegen Unterrichtsausfall sind nur sehr selten erfolgreich.
- Ob und mit welchem Aufwand Schulen, insbesondere Grundschulen, bei Fehlen eines Kindes die Eltern informieren müssen, hängt von der Zuverlässigkeit und Schnelligkeit der Information der Schule bei Fehlen des Kindes durch die Eltern ab.
- Hinsichtlich der Akzeptanz von Entschuldigungen und Attesten kommt es auf die in der Praxis der Schule geltende Frist an. Selbst ein ärztliches Attest stellt nach Fristablauf keine wirksame Entschuldigung mehr dar.
- Ärztliche Empfehlungen für pädagogisches Handeln sind unverbindlich.
- Für Fotos benötigen Lehrer die Einwilligung der Eltern oder Schüler.

- Auch wenn religiöse oder erzieherische Gründe geltend gemacht werden, besteht kein Anspruch auf Befreiung von Teilen eines Unterrichts.
- Schüler dürfen nicht gegen ihren Willen oder den ihrer Eltern zu religiösen Handlungen veranlasst oder in religiöse Handlungen einbezogen werden. Jede Missionierung ist verboten.
- In politischen, weltanschaulichen und religiösen Fragen sind Lehrer verpflichtet, Offenheit, Toleranz und Zurückhaltung zu zeigen. Sie dürfen nicht versuchen, Schülern ihre Meinung aufzuzwingen, müssen kontroverse Standpunkte darstellen und die eigenverantwortliche Urteilsbildung der Schüler ermöglichen. Schüler dürfen im Unterricht ihre Meinung unbegrenzter als Lehrer äußern, müssen ihre persönlichen Überzeugungen aber nicht offenlegen.
- Nicht jede negative Lehreräußerung verletzt die Persönlichkeitsrechte der Schüler, aber keine Fehlleistung und kein Fehlverhalten eines Schülers rechtfertigt eine den Erziehungszielen der Schule widersprechende Äußerung.
- Bei Beurlaubungen haben Schulen einen weiten Entscheidungsspielraum.
- Zur Teilnahme an Demonstrationen dürfen Schüler nur in seltenen Ausnahmefällen vom Unterricht befreit werden.
- Einige Bundesländer regeln die Mitarbeit der Eltern im Unterricht im Schulgesetz.
- Ein Unterrichtsbesuch durch Eltern ist möglich, wenn er im Schulgesetz vorgesehen ist. Der Widerspruch anderer Eltern führt in aller Regel zur Ablehnung des Besuchs.

4 LERNERFOLG

Äußern Eltern: »Diese Note akzeptieren wir nicht«, gibt es mehrere Deutungsmöglichkeiten. Die Aussage kann als Beschwerde wegen einer für rechtswidrig gehaltene Note (»Das ist im Unterricht nie behandelt worden«) oder als Kritik an der Qualität des Unterrichts und der Notengebung (»Sie erklären schlecht und zensieren streng«) gemeint sein. Die Äußerung kann auch die Bereitschaft zum Ausdruck bringen, eine schlechte Note weder infrage zu stellen noch einfach hinzunehmen, sondern als Ansporn zu einer Leistungssteigerung zu betrachten.

RECHTSWIDRIGKEIT ODER ZWECKMÄßIGKEIT

Eltern werfen einer Lehrerin beim Elternsprechtag vor, zu streng bei der Notengebung zu sein. Sowohl die vorherige Fachlehrerin als auch der Lehrer in der Parallelklasse hätten ihrem Kind sicherlich eine bessere Note gegeben.

Halten Eltern eine Note für nicht gerechtfertigt, ist entscheidend, ob sie die Rechtmäßigkeit oder die Zweckmäßigkeit der Note bezweifeln.

Rechtswidrig könnte eine »zu strenge« Note sein,

- wenn die Notenskala prinzipiell nicht ausgeschöpft wird (»Sehr gute Schüler gibt es doch gar nicht mehr«),
- die Noten mit den Notendefinitionen nicht übereinstimmen (»Für die Note ›befriedigend‹ muss man besser sein als der Durchschnitt«),
- die Leistungsanforderungen den Lehrplänen nicht entsprechen oder
- Konferenzbeschlüsse zu den Grundsätzen der Leistungsbewertung missachtet wurden.

Eine rechtswidrige Note führt zu einer erneuten Beurteilung, wenn auch nicht zwingend zu einer besseren Note.

Gegen die Zweckmäßigkeit einer »zu strengen« Note könnten Eltern die großzügigere Bewertung durch andere Lehrer, die Schwierigkeit der Aufgabenstellung, eine ausgefallene Übungsstunde vor der Klassenarbeit und jedes andere Argument anführen, das ihnen plausibel erscheint. Die Lehrerin wäre in dem Fall nicht zu einer erneuten Beurteilung, wohl aber zur Erläuterung der Grundlagen ihrer Leistungsbewertung verpflichtet.

BERATUNG

Eltern und Schüler haben einen Anspruch auf Information über den Leistungsstand und Beratung, wie Schüler ihren Lernprozess gestalten sollten, in welchen Leistungsbereichen sie besondere Unterstützung benötigen und welche Art der Unterstützung sinnvoll erscheint. Ist die Versetzung gefährdet, schreiben viele Schulgesetze eine schriftliche Förderempfehlung durch die Lehrer vor.

Ein Verzicht auf Noten, kombiniert mit der Verpflichtung, schriftliche Beschreibungen des Leistungsstands wohlwollend zu formulieren, erfordert die Fähigkeit der Eltern, den Texten die richtige Botschaft zu entnehmen. Eltern wird das nur gelingen, wenn sie über gute Sprachkenntnisse verfügen, den pädagogischen Sprachgebrauch kennen und vor allem die tatsächliche Bedeutung scheinbar positiver Aussagen erkennen. Letzteres erschweren nicht nur geringe Fähigkeiten zur sprachlichen Differenzierung, sondern auch das eigene Wunschdenken. Lehrer sollten den Konflikt zwischen einer zutreffenden Information über den Leistungsstand und ermutigenden Aussagen im Zweifelsfall zugunsten einer für Eltern eindeutigen Information lösen. Bei Berichtszeugnissen ohne Noten können Eltern einen besonderen Beratungsbedarf geltend machen. Lehrer werden im Interesse des Lernerfolges der Schüler den Eltern beim richtigen Verständnis des Zeugnisses helfen, sind dazu aber auch verpflichtet, wenn Eltern etwa wegen schlechter Deutschkenntnisse oder schwer verständlicher Formulierungen Nachfragen haben.

GROßZÜGIGE NOTENGEBUNG

Es war schon immer richtig, rechtswidrige Noten nicht einfach hinzunehmen und schlechte oder unbefriedigende Noten als Warnsignal ernst zu nehmen. Das gilt heute umso mehr, da Lehrer eher zu gute als zu schlechte Noten geben. Das entspricht den Beobachtungen vieler Eltern, Arbeitgeber und Universitäten. Ob man diese Einschätzung teilt, ist eine persönliche Entscheidung. Belegen lassen sich dagegen rechtliche Vorgaben, die eine großzügige Notengebung nahelegen. Zu diesen Vorgaben gehören sehr vage formulierte Kernlehrpläne, die Lehrern weite Entscheidungsspielräume und eine große Rücksichtnahme auf die Leistungsfähigkeit der jeweiligen Lerngruppe ermöglichen, sowie die Verpflichtung zur individuellen Förderung, die bei einer schlechten Note die Frage der Schulleitung und der Schulaufsicht ermöglicht, warum nicht gut genug gefördert wurde. Dieser implizite Vorwurf kann Lehrer motivieren, sich diese Vorhaltungen durch gute Noten zu ersparen. Die gesetzliche Verpflichtung in einigen Bundesländern, Förderempfehlungen und Förderpläne für Schüler ohne sonderpädagogischen Förderbedarf, aber mit schlechten Noten, die eine Versetzung gefährden könnten, zu verfassen, weist in dieselbe Richtung. Schulgesetze, die eine Versetzung als Regelfall vorschreiben, schaffen ebenfalls einen die Notengebung beeinflussenden Rechtfertigungsdruck.

BEWERTBARKEIT

Für Eltern und Schüler ist es riskant, darauf zu vertrauen, bestimmte Leistungen zur Notenverbesserung noch kurz vor Toresschluss erbringen zu können oder Anspruch auf eine besondere Prüfung zu haben.

> *80 Prozent der Unterrichtsstunden des Halbjahrs hatte eine Schülerin versäumt. Die Hälfte der versäumten Unterrichtsstunden fehlte sie unentschuldigt. Der Lehrer hielt ihre Leistung für nicht bewertbar. Die Schülerin forderte eine Feststellungsprüfung und die Möglichkeit, ein Referat zu halten.*

Das Referat konnte der Lehrer ablehnen, da eine einmalige Leistung kein Ausgleich für zahlreiche versäumte Unterrichtsstunden ist. Eine Prüfung konnte ebenfalls verweigert werden, da sie wichtige Beurteilungskriterien wie die Beteiligung am Unterricht und die Zusammenarbeit sowie den Austausch mit den Mitschülern nicht erfassen kann und daher keine gleichwertige Leistung ist. Ob der Lehrer trotz der 80-prozentigen Fehlzeit eine Note erteilen musste, kann nicht für alle Bundesländer einheitlich beantwortet werden.

Ausgeschlossen ist die Verpflichtung, eine Note zu geben, in Ländern wie Berlin, die eine Mindestunterrichtsteilnahme von insgesamt acht Unterrichtswochen oder sechs Wochen ohne Unterbrechung vorschreiben (VG Berlin, Az.: 3 L 31.18). Sind, wie in den meisten Bundesländern, keine Mindestzeiten der Unterrichtsteilnahme vorgeschrieben, entscheiden die Lehrer über die Bewertbarkeit unter Berücksichtigung eventueller Klassenarbeiten und Tests sowie der Leistungen, die der Schüler erbracht hat, wenn er am Unterricht teilgenommen hat. Von Bedeutung ist auch, ob entschuldigt oder unentschuldigt gefehlt wurde. Bei 80-prozentiger Nichtteilnahme und 50 Prozent unentschuldigten Fehlzeiten werden nur wenige Lehrer bereit sein, eine Beurteilbarkeit anzunehmen. Lehnte der Lehrer es ab, eine Note zu erteilen, bestünde ein Rechtsanspruch auf Beurteilung nur, wenn die Entscheidung des Lehrers sachlich in keiner Weise nachvollziehbar wäre, da Lehrern ein Einschätzungsspielraum zusteht. Die Schülerin hat keinen Rechtsanspruch auf Beurteilung, da die Entscheidung des Lehrers angesichts der hohen Fehlzeiten nachvollziehbar ist.

Die kontinuierliche Teilnahme am Unterricht ist die Grundvoraussetzung für erfolgreiches Lernen. Selbst wenn ein Lehrer rechtlich trotz hoher Fehlzeiten zur Beurteilung verpflichtet sein sollte oder es gelänge, ihn zu einer Beurteilung zu bewegen, wäre das ein Pyrrhussieg. Zwar wäre die der Note »ungenügend« entsprechende Wirkung der fehlenden Beurteilbarkeit vermieden, die Lerndefizite blieben aber bestehen. Es ist verständlich, wenn Eltern einen letzten Rettungsversuch unternehmen, es entspräche aber zweifelsfrei eher dem Wohl des Kindes, Unterrichtsversäumnisse wenn möglich zu vermeiden. Mit Gefälligkeitsentschuldigungen tut man dem Kind sicherlich keinen Gefallen.

ATTESTE

Versäumen Schüler eine Klassenarbeit oder Klausur, müssen sie ein ärztliches Attest vorlegen. So schreibt es die von der Schulkonferenz beschlossene Schulordnung vor.

Bei Schulversäumnissen können Lehrer ein ärztliches Attest verlangen, wenn sie berechtigte Zweifel haben, ob der Unterricht aus gesundheitlichen Gründen versäumt wurde. Das einmalige Fehlen bei einer Klassenarbeit weckt noch keine Zweifel an einer Entschuldigung aus gesundheitlichen Gründen. Ein mehrfaches oder sogar häufiges Fehlen begründet dagegen Zweifel. Die Entscheidung ist in jedem Einzelfall zu treffen. Eine pauschale Verpflichtung durch die von der Schulkonferenz beschlossene Schulordnung ist von den Schulgesetzen der meisten Länder, die keine Attestpflicht bei jedem Versäumen einer Klassenarbeit kennen, nicht gedeckt und daher rechtswidrig. Ist in einem Bundesland die Vorlage eines ärztlichen Attestes bei jedem Fehlen am Tag einer angekündigten Klassenarbeit vorgeschrieben, ist der Konferenzbeschluss nicht rechtswidrig, aber überflüssig.

Macht eine Erkrankung eine Teilnahme an den praktischen Übungen im Sportunterricht unmöglich, bleibt die Beteiligung an den theoretischen Phasen möglich. Der Sportlehrer kann daher die Anwesenheit der Schüler in allen Unterrichtsstunden verlangen. Der Schüler kann sich an den sporttheoretischen Phasen beteiligen, die sportlichen Übungen und Spiele beobachten, vom Lehrer gestellte Aufgaben bearbeiten oder gesundheitlich unbedenkliche Aufgaben, zum Beispiel die des Schiedsrichters, des Zeitmessers oder Helfers übernehmen. Der Lehrer entscheidet, ob eine eingeschränkte Teilnahme am Unterricht sinnvoll ist. Ein ärztliches Attest, das dem Schüler bescheinigt, nicht am Sportunterricht teilnehmen zu können, bezieht sich also nicht auf den gesamten Unterricht, da es dann auch die Teilnahme an allen anderen Unterrichtsfächern für unmöglich erklären müsste, sondern nur auf sportliche Aktivitäten. Ob eine Teilnahme damit sinnlos wird oder im Hinblick auf theoretische Kenntnisse und weitere Möglichkeiten der Einbeziehung in den Unterricht sinnvoll bleibt, ist keine medizinische, sondern eine pädagogische Entscheidung.

TATSÄCHLICHE LEISTUNG

Trotz der Verletzung an seiner Schreibhand war einem Schüler bei einer Klassenarbeit keine Zeitverlängerung gewährt worden. Die Eltern forderten die Note »gut« statt »befriedigend« auf dem Abschlusszeugnis, da der Schüler mit einem Nachteilsausgleich für die Klassenarbeit eine bessere Note bekommen hätte.

Grundlage der Leistungsbewertung dürfen nur tatsächlich erbrachte Leistungen und kein gedachter Verlauf sein. Die Eltern können mit einem Widerspruch keine bessere Note, sondern allenfalls das Nachschreiben der Klassenarbeit erreichen, da keine zu einer besseren Note führende Leistung erbracht wurde und Noten nicht auf Vermutungen gestützt werden dürfen.

Eine Klassenarbeit war schlechter ausgefallen als von der Lehrerin erwartet. Es gab keine Vorschrift, die bei diesem Ergebnis vorschrieb, die Klassenarbeit zu annullieren und neu zu schreiben. Die Lehrerin ließ die Arbeit neu schreiben. Eine Schülerin, die in der ersten Arbeit ein »Befriedigend« erhalten hatte, erhielt bei der Wiederholung ein »Ausreichend«. Die Eltern forderten, ihre Tochter müsse die Note der ersten Arbeit erhalten.

Die Lehrerin durfte eine tatsächlich erbrachte Leistung nicht ignorieren. Die Klassenarbeit war rechtmäßig und durfte nicht annulliert werden. Die Lehrerin hätte den Schülern die Wahl lassen können, die Note der ersten Arbeit zu akzeptieren oder eine neue Arbeit zu schreiben. Es wäre auch rechtmäßig gewesen, alle Schüler die neue Arbeit schreiben zu lassen und ihnen ein Wahlrecht zwischen den erreichten Noten einzuräumen.

Lehrer dürfen erbrachte Leistungen annullieren, wenn die Leistungsüberprüfung an einem nicht mehr korrigierbaren Fehler leidet. Das gilt etwa für äußere Einwirkungen, auf die der Lehrer keinen

Einfluss hat. Wird eine Klassenarbeit beispielsweise durch Baulärm erheblich beeinträchtigt und kann die Klasse nicht in einen ruhigeren Raum umziehen, darf der Lehrer die Arbeit abbrechen und die bis dahin erbrachten Leistungen ignorieren.

Hat der Lehrer den Fehler selbst verursacht, indem er etwa eine unlösbare Aufgabe gestellt oder die Schüler durch irreführende Angaben verwirrt hat, darf er die Arbeit für ungültig erklären und eine neue Arbeit schreiben lassen. Dabei muss er das Ausmaß und die Auswirkungen des Fehlers insbesondere im Hinblick auf die Chancengleichheit der Schüler berücksichtigen. Selbst wenn einige Schüler durch den Fehler des Lehrers nicht sonderlich beeinträchtigt wurden, genügt es, wenn einzelne Schüler so viel Zeit auf die Lösung der unlösbaren Aufgabe oder auf durch irreführende Angaben veranlassten Irrwegen verbracht haben, dass ihnen nicht mehr genug Zeit für die Bearbeitung der restlichen Aufgaben zur Verfügung stand. Es müssen auf Verlangen des Lehrers dann alle Schüler eine neue Arbeit schreiben, um eine vergleichbare Leistungsbeurteilung zu ermöglichen. Eine Bewertung der ursprünglichen Arbeit wäre möglich, wenn der Lehrer den Fehler frühzeitig entdeckt und korrigiert hätte, sodass nur ein geringfügiger Zeitverlust eingetreten wäre.

GLEICHBEHANDLUNG

Einmal im Schuljahr wurden in zwei Parallelklassen identische Klassenarbeiten geschrieben. Die Fachlehrerinnen sprachen die Musterlösungen ab und vereinbarten, für die Lösungen in der einen Klasse jeweils einen Punkt weniger zu geben als in der anderen, da die eine Klasse leistungsstärker war.

Einen Anspruch auf Gleichbehandlung hat immer nur die von der jeweiligen Maßnahme unmittelbar betroffene Lerngruppe. Aus der großzügigeren Notengebung eines Lehrers in einer (Parallel-)Klasse können Eltern und Schüler keinen Anspruch auf eine vergleichbar großzügige Notengebung in ihrer Klasse ableiten. Bei Parallelarbeiten ist im Gegensatz zu normalen Klassenarbeiten die Vergleichbarkeit der Lerngruppen und ihres Leistungsstandes entscheidend. Unterschiedliche Maßstäbe bei der Notengebung widersprechen diesem Ziel, da sie keinen Vergleich zulassen. Die Lehrer gleichen daher bei Parallelarbeiten ihre Bewertungen ab.

Die Rechtswidrigkeit der unterschiedlichen Punktevergabe ergibt sich zusätzlich durch den Verstoß gegen das Verbot, bei der Leistungsbewertung aus sachwidrigen Motiven zu handeln. Den Leistungsunterschied zwischen den Klassen durch eine Benachteiligung der Schüler der vermutlich leistungsstärkeren Klasse verbergen zu wollen, ist rechtswidrig, da bei der Leistungsbewertung nur die erbrachte Leistung bewertet wird und die Bewertung nicht anderen Zielen dienen darf. Es ist daher auch rechtswidrig, Schüler zu gut oder zu schlecht zu beurteilen, um sie zu motivieren, anzuspornen, zu belohnen oder zu bestrafen.

DIFFERENZIERTE LEISTUNGSMESSUNG

Zwei Klassenarbeiten stehen Schülern zur Auswahl: eine einfachere Version, mit der nur die Noten »befriedigend« bis »ungenügend« erreicht werden können, und eine schwierigere Version, für die Noten »sehr gut« bis »ungenügend«.

Die beiden Klassenarbeitsversionen verstoßen gegen die Aufgabe einer Klassenarbeit, den Lernstand einer Klasse festzustellen, und gegen die Chancengleichheit der Schüler, da nicht alle Schüler sämtliche Noten erreichen können. Sie sind daher rechtswidrig.

Eine Klassenarbeit hatte zwei Teile: einen Basisteil, bei dessen richtiger Bearbeitung die Noten »befriedigend« und »ausrei-

chend« erreichbar waren, und einen Erweiterungsteil, bei dessen zusätzlicher richtiger Bearbeitung die Noten »sehr gut« oder »gut« erreichbar waren. Eltern sahen darin einen Verstoß gegen die Chancengleichheit.

Diese Art der differenzierten Leistungsmessung verstieße gegen die Chancengleichheit der Schüler, wenn einige Schüler lediglich den Basisteil, andere auch den Erweiterungsteil zur Bearbeitung erhielten. Erhalten die Schüler jedoch beide Teile und können selbst entscheiden, ob sie nur den Basisteil oder auch den Erweiterungsteil bearbeiten, hat jeder dieselben Chancen. Um diese Entscheidung treffen zu können, muss den Schülern bekannt sein, welche Noten jeweils erreichbar sind.

Die Entscheidungsfreiheit und die Kenntnis der Bewertungskriterien sichern die Chancengleichheit (alle Schüler können alle Notenstufe erreichen und erhalten Zugang zu denselben Aufgaben) und den Anforderungsbezug (die Leistungen werden an denselben Maßstäben gemessen).

Bei einer Klassenarbeit können Schüler Gebrauch von Hilfekärtchen machen. Für jedes genutzte Kärtchen wird eine bestimmte Punktzahl abgezogen. Ein Schüler nutzt sämtliche Hilfen, löst die Aufgaben richtig und erhält die Note »mangelhaft« allein wegen des hohen Punktabzugs durch die Nutzung der Hilfekärtchen.

Die Hilfekärtchen stehen allen Schülern zur Verfügung und der jeweilige Punktabzug ist bekannt. Die Chancengleichheit ist gewahrt. Die Note »mangelhaft« ist trotzdem rechtswidrig, da die Nutzung der vom Lehrer zur Verfügung gestellten Hilfsmittel nicht trotz richtiger Lösung der Aufgaben zur Note »mangelhaft« führen darf. Hätten die vom Schüler gemachten Fehler zusammen mit dem Punktabzug wegen Nutzung der Hilfsmittel in der Summe zur Note »mangelhaft« geführt, wäre die Note rechtmäßig.

TEST

In den meisten Bundesländern heißen sie »Test«, in Bayern werden sie wohlklingender als »Stegreifaufgabe« oder »Extemporale« bezeichnet: kurze schriftliche Leistungsnachweise. Sie müssen nicht angekündigt werden, beziehen sich nur auf den Inhalt der letzten Unterrichtsstunde(n) und unterscheiden sich auch in ihrer Dauer – in der Regel nicht länger als 20 Minuten – deutlich von Klassenarbeiten. Nicht zuletzt wegen der mit ihnen verbundenen Korrekturbelastung halten einige Lehrer die Zahl der Tests niedrig oder verzichten auf diese Form der Lernkontrolle. Andere Lehrer schätzen sie als Mittel der Kontrolle des Unterrichtserfolgs und der Förderung des kontinuierlichen Lernens. Gelegentlich werden sie in Fächern ohne schriftliche Arbeiten unzulässigerweise als Ersatz für Klassenarbeiten gesehen.

Tests gehörten für einen Lehrer zu den bevorzugten Mitteln der Lernerfolgskontrolle. Schüler, die einen Test versäumt hatten, mussten ihn wie bei einer Klassenarbeit nachschreiben. Schüler, die bei einem angekündigten Test fehlten, mussten ein Attest vorlegen und nach einigen Unterrichtsstunden wurden Tests über den Inhalt dieser Stunden geschrieben.

Werden Klassenarbeiten oder Klausuren entschuldigt versäumt, sehen die gesetzlichen Regelungen ein Nachschreiben oder eine mündliche Feststellungsprüfung vor. Bei kurzen schriftlichen Leistungsfeststellungen ist ein Nachschreiben nicht vorgesehen, aber auch nicht verboten. Es liegt in der Entscheidung des Lehrers, ob er die Leistung nachholen lässt.

Wenn eine generelle Attestpflicht bei Klassenarbeiten nicht besteht, kann es sie auch bei Tests nicht geben. Entscheidend ist in beiden Fällen, ob berechtigte Zweifel an einer Entschuldigung bestehen. Gibt es diese Zweifel, können Atteste nicht nur bei Klassenarbeiten, sondern auch bei versäumtem Unterricht verlangt werden. Das Fehlen bei einem angekündigten Test kann solche Zweifel wecken.

Tests beziehen sich in der Regel auf den Inhalt der letzten zwei oder drei Unterrichtsstunden. Der Lehrer darf diese Anzahl nicht überschreiten, da Tests ein Teil der sonstigen Mitarbeit und keine einer Klassenarbeit vergleichbare Kontrolle des mittel- und langfristigen Lernerfolgs sind. Zwei bis drei Unterrichtsstunden beschreiben den maximalen Umfang, nicht den Mindestumfang. Ein Lehrer darf nach jeder Unterrichtsstunde, aber auch während des Unterrichts die vermittelten Inhalte jederzeit schriftlich abfragen und bewerten, da er das ohne Weiteres mündlich dürfte und die Schriftform zu einer zuverlässigeren Feststellung bei allen Schülern führt.

Versuchen Lehrer, ein mündliches Fach durch Tests in ein schriftliches zu verwandeln, oder erreicht die Vielzahl der kurzen schriftlichen Leistungsfeststellungen in den Fächern ein aus Eltern- und Schülersicht unzumutbares Ausmaß, können Konferenzbeschlüsse zum Beispiel in der Fach- oder Schulkonferenz, die Eltern und Schüler anregen oder über die sie mitentscheiden dürfen, Grenzen setzen.

KLASSENARBEITEN

Ein Lehrer gab eine Klausur zurück. Als er sich umdrehte, zerriss ein Schüler seine Klausur.

Der Schüler kann sein Verhalten nicht mit dem Argument rechtfertigen, da der Lehrer die Note bereits erteilt habe und die Klausur sein Eigentum sei, habe er sie auch vernichten können. Der Schüler hat dem Lehrer die Notengebung nicht unmöglich gemacht, da die Note erteilt wurde. Mögliche Beweisschwierigkeiten, ob die vom Lehrer in seinen Aufzeichnungen dokumentierte Note und die tatsächlich erteilte Note übereinstimmen, gehen zulasten des Schülers, da er das Beweismittel vernichtet hat.

Das Verhalten des Schülers stellt ein Fehlverhalten dar und verstößt gegen die unterrichtlichen Pflichten. Das Zerreißen der Klausur drückt fehlenden Respekt vor der Arbeit des Lehrers aus, dessen Bewertung der Schüler für so wertlos erachtet wie ein unbrauchbares Blatt Papier. Der Schüler verstößt auch gegen seine Pflicht, aktiv zum Lernerfolg beizutragen, da die Fehlerkorrektur und Bewertung durch den Lehrer dem Lernprozess dienen. Der Schüler erhält eine Information zu seinem Leistungsstand, welche Grundlage für seine weiteren Bemühungen und die Planung des Lernprozesses durch den Lehrer ist.

Erzieherisch relevantes Fehlverhalten darf nicht durch die Leistungsbewertung sanktioniert werden. Der Lehrer darf daher für das Zerreißen der Klausur nicht die Note »ungenügend« erteilen. Das Verhalten kann aber unterrichtliche und erzieherische Auswirkungen haben. Der Lehrer ist beispielsweise nicht verpflichtet, dem Schüler die in der zerrissenen schriftlichen Arbeit enthaltenen Hinweise zu richtigen und falschen Lösungen und Darstellungen nun mündlich zu erläutern. Erzieherisch könnte eine schriftliche Mitteilung an die Eltern über den Vorfall, verbunden mit dem Hinweis auf die Folgen für die Kenntnisnahme der Eltern vom Leistungsstand ihres Kindes und der Frage, ob die Eltern diese Missachtung der Arbeit der Lehrer billigen, sinnvoll sein.

Eltern kopierten die Klassenarbeiten und Tests, die ihre Tochter mit nach Hause brachte. Die Lehrerin verbot das Kopieren, da es ihr Urheberrecht verletze und Missbrauch nicht auszuschließen sei. Sie drohte, der Schülerin keine Klassenarbeiten mehr mit nach Hause zu geben.

Das Kopieren verstößt nicht gegen das Urheberrecht, da es nur zum persönlichen Gebrauch erfolgt, und ein Missbrauch ist nicht erkennbar. Die Lehrerin darf sich nicht weigern, die Klassenarbeiten mitzugeben, da sie für die Eltern eine wichtige Information darstellen, um den Lernprozess gezielt fördern und die Rechtmäßigkeit der Note prüfen zu können.

Wie wichtig die Klassenarbeiten für den Informationsanspruch der Eltern sind, zeigt die von den Schulen geforderte Unterschrift als Bestätigung der Kenntnisnahme. Schulen können diese Unterschrift von den Eltern fordern, da die Eltern nur bestätigen, die Klassenarbeit gesehen zu haben, und damit nicht ihr Einverständnis mit der Note oder gar einen Verzicht auf eine Beschwerde oder einen Widerspruch erklären.

Eine Maßnahme der Arbeitserleichterung, aber auch der Qualitätssicherung ist die erneute Verwendung bereits in den Vorjahren gestellter Klassenarbeiten oder Klausuren.

Eine nahezu unveränderte Klassenarbeit, die der Lehrer bereits zwei Jahre zuvor verwendet hatte, kannte eine Schülerin ebenso wie eine damals mit »gut« bewertete Lösung. Der Lehrer weigerte sich, ihre Arbeit mit »sehr gut« zu bewerten, da ihr Leistungsstand in dem Fach ansonsten lediglich »befriedigend« sei und sie offenbar nur eine ihr bekannte Lösung überarbeitet und verbessert habe.

Lehrer dürfen bereits einmal gestellte Klassenarbeiten unverändert oder mit geringfügigen Änderungen erneut verwenden, da es keinen Rechtsgrundsatz des Prüfungsrechts gibt, der es verbietet, auf frühere Aufgaben zurückzugreifen (OVG Berlin, Az.: 4 S 23.03). Die Bewertung ihrer Leistung können Schüler nur fordern, wenn es sich um eine persönlich erbrachte, eigenständige Leistung handelt. Eine auswendig gelernte wörtliche Wiedergabe fremder Lösungen ist keine persönliche und eigenständige Leistung und darf daher als nicht erbrachte Leistung mit »ungenügend« bewertet werden. An den Nachweis der fehlenden Eigenständigkeit, den der Lehrer zu erbringen hat, sind strenge Anforderungen zu stellen. Zur gründlichen Vorbereitung auf eine Klassenarbeit kann durchaus das Auswendiglernen bestimmter Formulierungen oder Lösungswege gehören. Es ist entscheidend, ob eine eigene Erarbeitung erkennbar ist.

Der Lehrer hat festgestellt, die Schülerin habe eine ihr bekannte Lösung überarbeitet und verbessert. Darüber hinaus ist es zulässig, sich fremde Bearbeitungen zu eigen zu machen. Die Schülerin hat offenbar nicht lediglich einen fremden Text auswendig gelernt und wörtlich wiedergegeben. Sollte sie das bei einzelnen Passagen getan haben, sind diese entweder von ganz untergeordneter Bedeutung, oder der Lehrer muss bei der Leistungsbewertung seine erhebliche Mitverantwortung für die Einschränkung der Eigenständigkeit der Lösung berücksichtigen (OVG Rheinland-Pfalz, Az.: 2 A 11233/98).

Denkbar und rechtlich zulässig wäre der Versuch, Textteile, die offenbar aufgrund der Formulierungen und Gedankengänge wortwörtlich auswendig gelernt und lediglich wiedergegeben wurden, von Textpassagen zu unterscheiden, die eine eigenständige Bearbeitung einer Vorlage darstellen. Rechtlich würfe das Beweisschwierigkeiten auf und dürfte nicht gegen das Prinzip einer die Mitschuld des Lehrers berücksichtigenden Bewertung verstoßen. Die Herabsetzung der Note um mehr als eine Notenstufe dürfte daher kaum begründbar sein. Die bloße Kenntnis der früheren Klassenarbeit und einer guten Lösung rechtfertigt in keinem Fall eine Herabsetzung der Note.

»Lernen ist kein Wiederkäuen.« So rechtfertigte ein Lehrer eine Aufgabe in einer Klassenarbeit, die mit den im Unterricht vermittelten Kenntnissen nicht bearbeitet werden konnte.

Die Aussage des Lehrers wäre richtig, wenn er zutreffend formuliert hätte: »Lernen besteht nicht nur aus der Wiedergabe von Wissen«, da die bloße Wiedergabe erworbenen Wissens durchaus zum Lernprozess gehört, ihn aber nicht vollständig ausmacht. Als Rechtfertigung für die Aufgabenstellung wäre jedoch auch diese grundsätzlich richtige Aussage nicht zutreffend. Die Leistungsbewertung muss sich auf die Unterrichtsinhalte beziehen. So fordern es die Schulgesetze und so entspricht es der Aufgabe einer schulischen Leistungskontrolle, den schulischen Lernerfolg der Schüler zu überprüfen. Die Aufgabe darf daher nicht gewertet werden oder die Klassenarbeit muss wiederholt werden, wenn Eltern und Schüler eine Wiederholung fordern, da die Bearbeitung der unzulässigen Aufgabe erhebliche Zeit in Anspruch genommen oder Schüler verwirrt haben kann.

Der Lehrer hätte recht, wenn er die selbstständige Anwendung der im Unterricht erworbenen inhaltlichen und methodischen Kenntnisse auf eine im Unterricht nicht besprochene Aufgabe oder einen im Unterricht nicht gelesenen Text gemeint hätte. Fähigkeiten der selbstständigen Anwendung und des Transfers von Wissen machen letztlich den Lernerfolg aus. Eine Aufgabe darf sehr komplex sein, sie muss sich aber immer mit den im Unterricht vermittelten Kenntnissen, Fähigkeiten und Fertigkeiten lösen lassen.

Die Vorschriften verpflichteten die Lehrer, eine Klassenarbeit spätestens nach drei Wochen korrigiert zurückzugeben. Eine Lehrerin gab eine Arbeit erst nach fünf Wochen zurück. Die Eltern eines Schülers, dessen Arbeit mit »mangelhaft« bewertet worden war, hielten die Note für rechtswidrig.

Die Lehrerin hat gegen verbindliche Vorgaben für die Korrektur von Klassenarbeiten verstoßen. Beschweren sich die Eltern, muss sie sich dienstrechtlich vor der Schulleitung rechtfertigen. Das könnte sie unter Hinweis auf eine Erkrankung oder sehr hohen Arbeitsanfall durch zwei Korrekturfächer tun. Selbst wenn es keine nachvollziehbaren Gründe für die Fristüberschreitung gäbe, wäre die Note rechtmäßig, da die zu lange Korrekturzeit keinerlei Auswirkungen auf die erbrachte Leistung und deren Bewertung hat. Es handelt sich nicht um ein Problem der Leistungsbewertung, sondern um eines der vom Bundesland geforderten Arbeitsleistung und der Förderung des Lernprozesses der Schüler.

Vor der Rückgabe und Besprechung einer Klassenarbeit eine neue Arbeit schreiben zu lassen, verboten die Vorschriften des Landes. Ein Lehrer gab die vorletzte Klassenarbeit erst in der Unterrichtsstunde nach der letzten Klassenarbeit zurück.

Eltern und Schüler können aus dieser Vorschrift eigene Rechte ableiten, da die Vorschrift nicht nur Lehrern vorschreibt, wie sie zu handeln haben, sondern auch dem Schutz der Eltern und Schüler dient.

Eltern sollen über den Leistungsstand informiert werden und Schüler ihre Stärken und Schwächen kennen, um daraus Konsequenzen ziehen und bei der nächsten Klassenarbeit bessere Ergebnisse erreichen zu können. Die neue Klassenarbeit ist rechtswidrig und darf nicht geschrieben werden, es sei denn, die vorletzte Arbeit hätte keinerlei Auswirkungen auf den Lernprozess vor der letzten Arbeit. Das wäre der Fall, wenn die Inhalte nicht aufeinander aufbauten und weder ein inhaltlicher noch methodischer Zusammenhang bestünde. Sollte das so sein, bliebe noch zu prüfen, ob die Klassenarbeit nicht verschoben werden könnte.

Die Zeugniskonferenzen rückten näher und eine der drei vorgeschriebenen Klassenarbeiten war noch nicht geschrieben worden. Die Lehrerin kündigte an, die Klassenarbeit werde nicht in zwei Wochen, sondern schon in einer Woche geschrieben. Ein Kollege habe ihr seine Unterrichtsstunden zur Verfügung gestellt. Den Schülern blieb statt zwei Wochen eine Woche für die Vorbereitung.

Klassenarbeiten sind rechtzeitig anzukündigen, damit Eltern und Schülern die notwendige Vorbereitungszeit zur Verfügung steht. Für die Beurteilung der Rechtzeitigkeit sind vor allem der Umfang der Inhalte, die Zahl der Klassenarbeiten in einem Fach und die Zahl der insgesamt in allen Fächern von den Schülern zu schreibenden Klassenarbeiten ausschlaggebend. Die Ankündigungsfrist kann kürzer sein bei vielen Klassenarbeiten mit eng begrenzten Inhalten in wenigen Fächern als bei wenigen Klassenarbeiten mit umfangreichen Inhalten in vielen Fächern. Die Planung des Lernens und der Vorbereitung auf Klassenarbeiten liegt in der Verantwortung der Eltern und Schüler. Aus dem Wunsch, möglichst früh über die genauen Klassenarbeitstermine informiert zu werden, um langfristig planen zu können, ergibt sich kein Rechtsanspruch auf langfristige Information. Eltern und Schüler wussten, dass eine Klassenarbeit bevorstand, sie kannten lediglich den genauen Termin nicht. Die Klassenarbeit wurde nicht unangekündigt und überraschend geschrieben. Sie wäre allenfalls rechtswidrig, wenn eine ernsthafte Vorbereitung unmöglich wäre. Davon kann bei einer Woche Vorbereitungszeit, die in den Vorschriften vieler Länder als Mindestfrist genannt wird, nicht ausgegangen werden.

RECHTSCHREIBUNG

Ein Punktabzug wegen sprachlicher Mängel und zahlreicher Rechtschreibfehler führte in einer Geschichtsklausur bei ansonsten ausreichenden Leistungen zur Note »mangelhaft«. Die Eltern waren der Meinung, in Geschichte käme es ausschließlich auf den Inhalt und nicht auf sprachliche Mängel an.

Zu einer rechtlichen Überprüfung führt die Frage nach den Rechtsgrundlagen der Beurteilung:

- Gibt es eine Vorschrift des Landes, die eine Bewertung der sprachlichen Richtigkeit zulässt?
- Legt die Vorschrift den Anteil an einer Bewertung fest oder verwendet sie unbestimmte Rechtsbegriffe wie »angemessene Berücksichtigung«?
- Gibt es Fachkonferenzbeschlüsse, die eine Gewichtung festlegen?

So kann anhand konkreter und verbindlicher Maßstäbe über die Bewertung gesprochen werden.

Die Gesetze und Vorschriften der Bundesländer sehen die Berücksichtigung sprachlicher Mängel in allen Fächern vor, ohne einen genauen Anteil an der Bewertung festzulegen. Schulinterne Vorgaben könnten für das Fach zuständige Konferenzen beschlossen haben. An diese Vorgaben durch Vorschriften oder Konferenzbeschlüsse müsste der Lehrer sich halten. Fehlen sie, hat er einen sehr weiten Bewertungsspielraum, den er großzügiger oder strenger nutzen kann. Ein gemeinsames Gespräch über die Behebung der sprachlichen Mängel ist erfolgversprechender als der Versuch der Eltern, den Lehrer zu einer Änderung seiner Bewertung zu veranlassen.

Einige Eltern bevorzugen bei einer Häufung von Rechtschreibfehlern einen anderen Weg.

Eine Aussetzung der Notengebung für Rechtschreibung und eine Verlängerung der Bearbeitungszeit bei allen Klassenarbeiten um zehn Minuten forderten die Eltern eines Schülers der 4. Klasse, der sehr viele Rechtschreibfehler machte.

Die Eltern können sich bei ihrer Forderung auf einen Beschluss der Kultusministerkonferenz und die entsprechenden Vorschriften der Bundesländer zur Lese-Rechtschreib-Schwäche (LRS) stützen, sollten aber die Voraussetzungen und Folgen ihrer Forderung bedenken.

Eine Lese-Rechtschreib-Schwäche oder Lese-Rechtschreib-Störung wird von den Lehrern festgestellt. Gutachten, die Eltern vorlegen, sind von den Lehrern zu berücksichtigen, aber nicht bindend. Eine hohe Verbindlichkeit haben lediglich Gutachten von Schulpsychologen, Fachärzten oder fachlich qualifizierten und allgemein anerkannten Institutionen. Von großer Bedeutung ist dabei die Unterscheidung zwischen einer Lese-Rechtschreib-Schwäche (LRS) und einer Lese-Rechtschreib-Störung (Legasthenie).

Legasthenie ist eine Behinderung, die einen Anspruch auf Nachteilsausgleich und eventuell auch Notenschutz begründet. LRS ist eine Leistungsschwäche, bei der ein Nachteilsausgleich und ein Notenschutz nur begrenzt möglich sind. Nachteilsausgleich und Notenschutz enden bei einer Lese-Rechtschreib-Schwäche nach der Vereinbarung der Kultusministerkonferenz und den Vorschriften der Bundesländer in der Regel mit der 7. Klasse, und eine Aussetzung der Notengebung ist entweder je nach Landesregelung von vornherein ausgeschlossen oder in allen Bundesländern in den Abschlussprüfungen untersagt. Bei einer Legasthenie bleibt der Anspruch auf Nachteilsausgleich bestehen. Ein Notenschutz ist bei Abschlussprüfungen, in der gymnasialen Oberstufe oder in berufsbildenden Schulen nur noch möglich, wenn er in einem Gesetz ausdrücklich vorgesehen ist. Eine derartige gesetzliche Regelung ist sehr selten. Der Notenschutz muss zudem auf dem Zeugnis vermerkt werden (BVerwG, Az.: 6 C 33.14)

Halten die Eltern es für sinnvoll, eine Schreibzeitverlängerung und eine Aussetzung der Notengebung für Rechtschreibung zu beantragen, dürfen sie darüber das eigentliche Ziel, nämlich die private und schulische Förderung zur Behebung der Leistungsschwäche, nicht aus den Augen verlieren. Die Aussetzung der Notengebung soll lediglich eine Beeinträchtigung der Motivation während der Fördermaßnahmen verhindern, und die Schreibzeitverlängerung soll frühe Erfolge ermöglichen.

Der Antrag der Eltern hätte eher auf schulische Fördermaßnahmen, die bei zu wenigen Anträgen auch überschulisch von der Schulaufsicht organisiert werden, und auf eine Beratung durch die Lehrer, welche privaten Fördermaßnahmen sinnvoll und möglich sind, gerichtet sein müssen. Das Ziel der Vorschriften der Länder zur LRS ist eine möglichst intensive Förderung, während eine Verlängerung der Bearbeitungszeit oder Hilfsmittel bei Klassenarbeiten und die vorübergehende Aussetzung der Notengebung lediglich Hilfsmittel sind.

Grundlegend anders stellt sich die Situation bei einer fachärztlich festgestellten Legasthenie dar. Neben die auch in diesem Fall notwendige Förderung tritt ein dauerhafter Anspruch auf Schreibzeitverlängerung und Hilfsmittel wie einen Laptop. Ein Notenschutz ist, wenn er in einem Gesetz vorgesehen ist, auch in Prüfungen möglich, da es sich nicht um eine ungerechtfertigte Bevorzugung, sondern um den Ausgleich einer Behinderung handelt, wird aber auch auf Abschlusszeugnissen vermerkt (BVerwG, Az.: 6 C 33.14).

TÄUSCHUNG

> *Viereinhalb von fünfeinhalb Seiten einer Nachschreibklausur eines Schülers stimmten nahezu wörtlich mit der Lösungsskizze in einem Lösungsbuch überein. Die Klausur wurde mit »ungenügend« bewertet.*

Die Täuschung war nicht während der Klausur beobachtet worden. Der Lehrer musste daher Indizien nennen, die eine Täuschung als wahrscheinlich erscheinen lassen. Der Schüler konnte den Text nicht auswendig gelernt haben, da es sich um einen sehr langen Text handelte und der Schüler bisher nicht durch ungewöhnliche Gedächtnisleistungen aufgefallen war. Hätte er ihn auswendig gelernt, hätte der Text zahlreiche Rechtschreibfehler aufweisen müssen, da der Schüler an einer Rechtschreibschwäche litt. Der Text war jedoch nahezu frei von Rechtschreibfehlern.

Es hatte sich um einen Nachschreibtermin gehandelt, bei dem ein Lehrer Aufsicht geführt hatte, der den Schüler nicht kannte, und andere Schüler Wörterbücher und Formelsammlungen benutzen durften. Der Schüler hätte also durchaus ein Lösungsbuch oder Kopien eines Lösungsbuchs verwenden können, ohne den Verdacht des Aufsicht führenden Lehrers zu erregen. Eine Täuschung war in diesem Fall daher in ausreichendem Maße wahrscheinlich, um die Note »ungenügend« zu rechtfertigen (VG München, Az.: 3 E 17.3542).

Eine Täuschung ist nach den Regeln des Beweises des ersten Anscheins nachgewiesen, wenn es Indizien für eine Täuschung gibt und eine andere Erklärung nicht in Betracht kommt (BVerwG, Az.:

6 B 67.17). Die Lehrer und im Streitfall die Gerichte sind bei der Würdigung der Beweise frei, können sich also eine eigene Meinung bilden, ob eine Täuschung als hinreichend bewiesen angesehen werden kann.

Große Teile einer Facharbeit hatte ein Schüler aus dem Internet übernommen, ohne die Quellen zu nennen. Im folgenden Schuljahr schrieb er bei einer Klausur in erheblichem Umfang aus Unterrichtsnotizen ab. Die Facharbeit und die Klausur wurden wegen der Täuschung mit »ungenügend« bewertet. Wegen der ersten Täuschung hatte er einen Tadel erhalten, nach der Täuschung bei der Klausur wurde er von der Schule entlassen.

Die Täuschung bei der Facharbeit hatte zu einer erzieherischen Einwirkung, einem Tadel, geführt. Der Schüler musste daher bei einer erneuten Täuschung ohne ungewöhnlich erschwerende Umstände nicht mit seiner sofortigen Entlassung rechnen. Die Ordnungsmaßnahme war daher unverhältnismäßig (OVG NRW, 19 B 223/03).

Täuschungen bei Leistungsüberprüfungen führen zur Beurteilung der gesamten Leistung oder eines Teils der Leistung mit »ungenügend« oder zum Nichtbestehen der gesamten Prüfung. Bei einer besonders umfangreichen oder raffinierten Täuschung, hartnäckigem Leugnen, dem Beschuldigen anderer oder der nicht ganz unerheblichen Störung der Leistungsüberprüfung können erzieherische Einwirkungen oder Ordnungsmaßnahmen zusätzlich erforderlich sein.

Erzieherische Einwirkungen, wie etwa eine schriftliche Mitteilung an die Eltern, sind schon bei leichtem Fehlverhalten möglich. Eine Ordnungsmaßnahme setzt eine schwerwiegende Beeinträchtigung der geordneten Unterrichts- und Erziehungsarbeit voraus, die bei wiederholten oder schweren Täuschungshandlungen gegeben sein kann. Die ernsthafte Gefährdung der Erfüllung der Aufgabe der Schule könnte bei einem Anreiz für andere Schüler, ebenfalls zu täuschen, vorliegen. Ein solcher Anreiz dürfte von zwei entdeckten und mit »ungenügend« sanktionierten Leistungen nicht ausgehen.

Die Anzahl der Wörter sollten Schüler unter die Klausur schreiben. In zwei Abiturklausuren gab ein Schüler bewusst eine zu hohe Zahl an. Der Prüfungsausschuss erklärte die Abiturprüfung wegen einer schwerwiegenden Täuschung für nicht bestanden.

Seine Leistung hatte der Schüler ohne Täuschung erbracht. Die Angabe der Wörter müsste eine bei der Prüfung vom Schüler zu erfüllende Verpflichtung sein, um als Täuschung gewertet werden zu können. Das Zählen der Wörter, um einen Fehlerkoeffizienten ermitteln zu können, gehört jedoch zur Bewertung und damit in den Verantwortungsbereich des Lehrers und nicht zu den Leistungen des Schülers. Die Täuschung war daher keine Täuschungshandlung, die zum Nichtbestehen einer Prüfung oder der Note »ungenügend« führen könnte (VG Darmstadt, Az.: 3 L 890/14). Das wird bei Klassenarbeiten auch durch die Formulierung der Konsequenzen deutlich, wenn in Schulgesetzen steht: »... der durch Täuschung erbrachte Teil der Leistung oder die ganze Leistung« wird mit »ungenügend« bewertet. Die Leistung selbst muss durch Täuschung erbracht worden sein.

Bei der Abiturprüfung kam noch ein Missverhältnis zwischen der Sanktion – dem Nichtbestehen der gesamten Abiturprüfung – und dem Fehlverhalten hinzu (VG Darmstadt, Az.: 3 L 890/14). Ungeahndet bliebe ein solcher Vertrauensbruch bei Klassenarbeiten und Klausuren nicht. Es könnte eine Ordnungsmaßnahme ausgesprochen werden.

LEISTUNGSVERWEIGERUNG

Für eine unentschuldigt versäumte Unterrichtsstunde erteilte der Lehrer wegen Leistungsverweigerung die Note »ungenügend«.

Eine Leistungsverweigerung setzt eine geforderte Leistung voraus. Die bloße Möglichkeit, eine Leistung fordern zu können, genügt nicht. Die Note »ungenügend« ist daher rechtswidrig. Hätte der Lehrer dem Schüler angekündigt, in der nächsten Stunde eine Leistung, beispielsweise einen Beitrag zu einer Präsentation oder die mündliche Beantwortung einiger Fragen, zu erwarten, dürfte er das unentschuldigte Fehlen hingegen als Leistungsverweigerung mit »ungenügend« bewerten.

Eine Schülerin vergaß immer wieder, ihre Sportkleidung an Tagen mit Sportunterricht mitzubringen. Nach mehrfachen Ermahnungen und einer schriftlichen Mitteilung an die Eltern erhielt sie bei jeder Nichtteilnahme die Note »ungenügend«.

Die Schülerin machte eine Teilnahme am Sportunterricht unmöglich und verweigerte damit die Leistung. Ermahnungen und eine Mitteilung an die Eltern waren erfolgt. Die Eltern und die Schülerin kannten daher die Folgen des Erscheinens ohne Sportkleidung. Aus welchen Gründen die Leistung verweigert wurde – vorsätzlich, um nicht am Sportunterricht teilnehmen zu müssen, oder fahrlässig, weil die Sportkleidung immer wieder vergessen wurde –, ist für die Notengebung bedeutungslos.

NOTENKORREKTUR

Zwei Fehler waren in einer Klassenarbeit zu Unrecht angestrichen worden. Auf eine Beschwerde des Schülers hin korrigierte der Lehrer seinen Fehler, weigerte sich aber, die Note anzuheben, da er bei der Bewertung der Art der Darstellung zu großzügig gewesen sei und die nach der Fehlerkorrektur vergebenen zwei Punkte daher wieder abziehe.

Der Maßstab für falsche und richtige Lösungen bleibt bei der ersten und jeder weiteren Korrektur derselbe. Eine Nachkorrektur verletzt daher nicht den Anspruch aller Schüler auf Gleichbehandlung. Der Lehrer musste seinen Fehler korrigieren. Hätte er dabei andere Fehler entdeckt, hätte er sie ebenfalls anstreichen und werten dürfen.

Im Gegensatz zur Fehlerkorrektur verstößt eine Änderung der Bewertungsmaßstäbe jedoch gegen die Chancengleichheit (BVerwG, Az.: 6 C 20/98). Ändert der Lehrer den Bewertungsmaßstab, indem er zunächst großzügig und dann bei der Nachkorrektur einer einzelnen Arbeit strenger bewertet, verletzt er den Anspruch des Schülers auf Gleichbehandlung. Der Lehrer durfte demnach die Art der Darstellung nicht neu bewerten, musste die zwei Punkte vergeben und prüfen, ob sich durch die beiden zusätzlichen Punkte die Note änderte.

Versehentlich gab eine Lehrerin bei gleicher Punktzahl einer Schülerin ein »Befriedigend«, einer anderen die der Punktzahl entsprechende Note »ausreichend«. Die Eltern der schlechter beurteilten Schülerin forderten Gleichbehandlung: Beide Schülerinnen müssten entweder die Note »ausreichend« oder die Note »befriedigend« erhalten.

Die Lehrerin darf eine Note herabsetzen, ist dazu aber nicht verpflichtet, da die Korrektur einer rechtswidrigen, für Schüler günstigen Entscheidung zwar möglich, aber nicht zwingend vorgeschrieben ist. Eine rechtswidrige, für Schüler ungünstige Note muss hingegen korrigiert werden.

Die Note »ausreichend« in »befriedigend« zu ändern, wäre in dem Fallbeispiel rechtswidrig, da die Note »ausreichend« der erreichten Punktzahl entsprach. Der Anspruch auf Gleichbehandlung kann die Note »befriedigend« nicht rechtfertigen, falls die Lehrerin die Note der Mitschülerin nicht herabsetzt, da es keinen Anspruch auf Gleichheit im Unrecht gibt. Wird einem Schüler gegenüber eine rechtswidrige, für den Schüler günstige Entscheidung getroffen, können andere Schüler daraus keinen Anspruch ableiten, ebenfalls rechtswidrig bevorzugt zu werden.

HAUSAUFGABEN

> *Wieder einmal hatte ein Schüler seine Hausaufgaben nicht gemacht. Der Lehrer hatte angeordnet, er müsse nach Unterrichtsschluss noch eine Stunde in der Schule bleiben, um die Hausaufgaben nachzuholen.*

Hausaufgaben dürfen in vielen Bundesländern nicht oder nur unter bestimmten Umständen beurteilt werden. Die Schüler sind aber verpflichtet, sie anzufertigen. Als Reaktion auf den wiederholten Pflichtverstoß des Schülers darf der Lehrer die Nacharbeit in der Schule anordnen. Die Eltern müssen, da es sich nicht um eine geringfügige Verlängerung des Aufenthalts in der Schule handelt, informiert werden. Das kann sofort geschehen. Sind die Eltern nicht erreichbar oder erheben sie begründete Einwände, darf der Schüler nach Hause gehen und muss am nächsten oder einem anderen Tag die Hausaufgaben in der Schule nachholen.

ZUSAMMENFASSUNG: WAS ELTERN WISSEN SOLLTEN

- Halten Eltern eine Note für nicht gerechtfertigt, ist entscheidend, ob sie die Rechtmäßigkeit oder die pädagogische Zweckmäßigkeit der Note bezweifeln.
- Eltern und Schüler haben einen Anspruch auf Information über den Leistungsstand und auf Beratung.
- Die Leistungen können schlechter sein, als es die Note suggeriert.

- Sind, wie in den meisten Bundesländern, keine Mindestzeiten der Unterrichtsteilnahme vorgeschrieben, entscheiden die Lehrer über die Bewertbarkeit unter Berücksichtigung der während der Zeit der Unterrichtsteilnahme erbrachten schriftlichen und sonstigen Leistungen.
- Bei Schulversäumnissen können Lehrer ein ärztliches Attest verlangen, wenn sie berechtigte Zweifel haben, ob der Unterricht aus gesundheitlichen Gründen versäumt wurde. Das einmalige Fehlen bei einer Klassenarbeit weckt noch keine Zweifel an einer Entschuldigung aus gesundheitlichen Gründen.
- Grundlage der Leistungsbewertung dürfen nur tatsächlich erbrachte Leistungen und kein gedachter Verlauf sein.
- Lehrer dürfen erbrachte Leistungen annullieren, wenn die Leistungsüberprüfung an einem nicht mehr korrigierbaren Fehler leidet.
- Einen Anspruch auf Gleichbehandlung hat immer nur die von der jeweiligen Maßnahme unmittelbar betroffene Lerngruppe.
- Bei differenzierten Klassenarbeiten müssen alle Schüler sämtliche Notenstufen erreichen können, Zugang zu denselben Aufgaben erhalten und an denselben Maßstäben gemessen werden.
- Erfolgt ein Punktabzug für die Nutzung der vom Lehrer zur Verfügung gestellten Hilfsmittel, darf nicht allein der Punktabzug trotz richtiger Lösung der Aufgaben zur Note »mangelhaft« führen.
- Lehrer dürfen das Nachschreiben eines Tests verlangen, bei Fehlen ein Attest fordern und jederzeit einen Test auch über Inhalte einer laufenden Unterrichtsstunde schreiben lassen. Durch Tests darf ein mündliches Fach aber nicht zu einem Fach mit schriftlichen Arbeiten gemacht werden.

- Fehlverhalten darf nicht durch die Leistungsbewertung sanktioniert werden.
- Eltern und Schüler dürfen Klassenarbeiten für den eigenen Gebrauch kopieren.
- Die bloße Kenntnis einer früher schon einmal gestellten Klassenarbeit und einer guten Lösung rechtfertigt keine Herabsetzung der Note.
- Leistungsüberprüfungen müssen sich auf die Inhalte des Unterrichts beziehen.
- Die Note für eine Klassenarbeit ist nicht rechtswidrig, nur weil die Arbeit zu spät zurückgegeben wurde. Eine zu lange Korrekturzeit hat keinerlei Auswirkungen auf die erbrachte Leistung und deren Bewertung.
- Verbieten Vorschriften, vor der Rückgabe einer Klassenarbeit eine neue zu schreiben, ist die vor der Rückgabe geschriebene Klassenarbeit rechtswidrig, es sei denn, die Inhalte der Arbeiten wären völlig unabhängig voneinander.
- Klassenarbeiten sind rechtzeitig anzukündigen. Viele Länder schreiben eine Mindestfrist von einer Woche vor. Eine Verkürzung der Vorbereitungszeit führt nicht zur Rechtswidrigkeit einer Klassenarbeit.
- Die Gesetze und Vorschriften der Bundesländer sehen die Berücksichtigung sprachlicher Mängel in allen Fächern vor.
- Legasthenie ist eine Behinderung, die einen Anspruch auf Nachteilsausgleich und Notenschutz, wenn gesetzlich vorgesehen, begründet. Die Lese-Rechtschreib-Schwäche ist eine Leistungsschwäche, bei der ein Nachteilsausgleich und ein Notenschutz nur begrenzt möglich sind.
- Eine Täuschung ist nachgewiesen, wenn es Indizien für eine Täuschung gibt und eine andere Erklärung nicht in Betracht kommt.
- Eine von Schülern unter einer Klassenarbeit angegebene falsche Wortanzahl darf nicht mit der Note »ungenügend«, aber mit einer Ordnungsmaßnahme geahndet werden.

- Das bloße Fehlen im Unterricht ist keine Leistungsverweigerung. Der Lehrer muss angekündigt haben, eine Leistung von dem betreffenden Schüler verlangen zu wollen.
- Lehrer dürfen Fehler in Klassenarbeiten im Nachhinein anstreichen, aber ihre Bewertungsmaßstäbe nicht ändern.
- Die nachträgliche Korrektur einer rechtswidrigen, für Schüler günstigen Note ist möglich, aber nicht zwingend vorgeschrieben. Eine rechtswidrige, für Schüler ungünstige Note muss hingegen korrigiert werden.
- Hausaufgaben dürfen in vielen Bundesländern nicht oder nur unter bestimmten Umständen beurteilt werden. Schüler können aber verpflichtet werden, Hausaufgaben in der Schule nachzuholen, nachdem die Eltern darüber informiert wurden.

5 ERZIEHUNG UND FEHLVERHALTEN

Der schulische Erziehungsauftrag ist kein von der Schule wahrgenommener elterlicher Erziehungsauftrag, sondern eigenständig, wenn auch wesentlich begrenzter. Er umfasst nicht alle Aspekte einer guten Erziehung, sondern vor allem die Mindeststandards sozialen Verhaltens sowie Erziehungsziele, die im öffentlichen Interesse liegen. Er verfolgt nur bestimmte verfassungsrechtlich und gesetzlich vorgegebene Ziele und konzentriert sich auf deren Kerngehalt.

PUTZDIENST

> *Taschentücher, leere Flaschen und Verpackungen gehörten zu dem Müll, den ein Schüler immer wieder im Klassenraum hinterließ. Die Klassenlehrerin verpflichtete ihn, an drei Tagen beim Säubern der Mensa zu helfen.*

Werden Schüler zu Putz- und Aufräumdiensten herangezogen, kann es sich um einen Ordnungsdienst handeln, an dem alle Schüler teilnehmen müssen und der durch Erziehungsziele wie die Verantwortung für die eigene Umwelt, soziales Miteinander, Hilfsbereitschaft und Rücksichtnahme gerechtfertigt ist. Möglich ist auch eine im Einzelfall wegen eines Fehlverhaltens angeordnete Maßnahme. Die Zulässigkeit von Aufräum- und Putzarbeiten als Reaktion auf Fehlverhalten von Schülern stellen die Verwaltungsgerichte nicht infrage. So hat das Verwaltungsgericht Minden sogar bei einem Fehlverhalten, das in keinerlei Zusammenhang mit einer Verschmutzung der Schule durch den Schüler stand, die Weigerung des Schülers, die Cafeteria zu säubern, als Zeichen mangelnder Einsicht in die Notwendigkeit, Lehrerweisungen zu befolgen, und der fehlenden Bereitschaft zu gemeinschaftsfreundlichem Verhalten gewertet (VG Minden, Az.: 8 L 406/12).

TOILETTENDIENST

Der Begriff »Dienst« weckt positive und negative Assoziationen, und das gilt auch für den Begriff »Toilette«. Bei der Verbindung zu »Toilettendienst« dürften die negativen Assoziationen überwiegen, die zu Abwehrreaktionen führen können.

> *Die Schultoiletten wurden absichtlich verstopft, Exkremente an die Wände geschmiert, es wurde auf den Boden uriniert und Seife auf dem Boden verteilt. Ein Schüler war ausgerutscht und hatte sich verletzt. Viele Schüler benutzten die Toiletten aus Ekel nicht mehr. Die Schulkonferenz beschloss einen Toilettendienst: Zwei Schüler saßen in den großen Pausen auf Stühlen vor dem Toiletteneingang und händigten den die Toilette aufsuchenden Schülern ein Körbchen mit Papiertüchern, Toilettenpapier und Seife aus. Sie kontrollierten wiederholt den Zustand des Toilettenvorraums mit den Waschbecken.*

Schüler, die durch die Verunreinigung der Toiletten ihren Mitschülern den Toilettengang unzumutbar machen, verletzen die Rechte ihrer Mitschüler und verstoßen gegen eines der wichtigsten Erziehungsziele: soziales Verhalten. Die Übergabe von Papier und Seife außerhalb des Toilettenbereichs und die gelegentliche Kontrolle des Vorraumes mit Handwaschbecken war zulässig und ein Beitrag zur gemeinsamen Verantwortung für eine den Mindeststandards des sozialen Zusammenlebens entsprechende Umgebung. Dieser Toilettenordnungsdienst durfte von der Schulkonferenz beschlossen werden.

Einem solchen Beschluss werden in der Regel Beratungen und Beschlussfassungen in den Mitwirkungsgremien der Eltern und Schüler vorausgehen. Gegen die Stimmen der Eltern- und Schülervertreter kann ein Beschluss der Schulkonferenz entweder nicht gefasst werden (bei Drittelparität der Lehrer, Eltern und Schüler), oder die Stimme des Schulleiters würde bei Stimmengleichheit (50 Prozent der Stimmen der Lehrer und 50 Prozent der Stimmen der Eltern und Schüler) den Ausschlag geben. Einen derartigen Dienst gegen das Votum der Eltern und Schüler durchzusetzen, ist kaum möglich und widerspräche dem Prinzip der vertrauensvollen Zusammenarbeit von Eltern und Schule.

Die Kontrolle des Vorraumes und die Meldung von Verschmutzungen an Lehrer waren ebenfalls zulässig, da die Schüler den eigentlichen Toilettenbereich nicht betraten. Sie sollten lediglich die Verschmutzung des Raums melden und hatten nicht die Aufgabe, Täter zu ermitteln. Sollten sie einen Mitschüler in flagranti ertappen, wäre die Mitteilung des Namens an Lehrer kein Petzen, sondern die Abwehr eines rechtswidrigen Eingriffs in Gesundheit und Wohlbefinden aller Schüler. Die Schüler verteidigen damit ihre eigenen, grundlegenden Rechte – die Lehrer benutzen keine Schülertoiletten.

Mit Handschuhen, einem Wassereimer, Reinigungsmittel und Lappen ausgestattet sollte ein Schüler, der in der Schultoilette gegen die Wand uriniert hatte, die Urinlache beseitigen.

Schüler können im Rahmen eines Ordnungsdiensts nicht verpflichtet werden, Urinlachen in der Toilette oder an den Wänden des Gebäudes zu beseitigen. Einem auf frischer Tat ertappten oder nachträglich überführten Schüler kann dagegen aufgetragen werden, seine Mitschüler vom Geruch und Anblick der von ihm verursachten Belästigung zu befreien. Er beseitigt damit den von ihm angerichteten Schaden und seine Einsicht in Art und Ausmaß seines Fehlverhaltens wird gefördert. Die Einhaltung von Hygiene- und Sicherheitsstandards durch Handschuhe und Hilfsmittel wird dabei selbstverständlich vorausgesetzt.

GESUNDHEITSFÖRDERUNG

Gesundheitsförderung gehört zu den schulischen Erziehungszielen. Viele Schulen haben in ihren Schulprogrammen die Förderung der gesunden Ernährung als Aufgabe festgeschrieben. Auch wenn ein schulisches Erziehungsziel wegen seiner Bedeutung für die persönliche Entwicklung der Schüler unstrittig ist, rechtfertigt es nicht jede erzieherische Maßnahme.

> *Wurstbrot und Schokoriegel, das war die Pausenmahlzeit eines Drittklässlers. Die Lehrerin rief ihm in Erinnerung, noch in der vergangenen Woche sei auf die Gefahren von zu viel Fleisch und Zucker hingewiesen worden. Sie gestattete ihm den Verzehr des Wurstbrots, verbot ihm aber, den außerordentlich zucker- und fettreichen Schokoriegel zu essen.*

Anordnungen der Lehrer dienen der Gefahrenabwehr oder der Durchsetzung grundlegender Erziehungsziele. Der Schüler gefährdete keine Mitschüler und störte nicht die schulische Ordnung. Eine unmittelbare Gesundheitsgefahr für den Schüler selbst bestand nicht. Die Lehrerin konnte ihre Weisung daher nicht mit einer Gefahrenabwehr rechtfertigen. Ein Eingriff in die freie Entfaltung der Schüler und das Elternrecht im persönlichen Lebensbereich wie bei der Ernährung überschreitet die Grenzen des schulischen Erziehungsauftrags. Lehrer sind keine Ersatzeltern, sondern Vertreter des Staates, deren Handeln durch den öffentlichen Erziehungsauftrag gerechtfertigt, aber auch begrenzt wird.

Der Schule ist es nicht verboten, Ziele anzustreben und Wissen zu vermitteln, das die persönliche Lebensführung der Schüler betrifft. Welche Konsequenzen die Schüler und ihre Eltern aus schulischer Kenntnisvermittlung und schulischen Werturteilen ziehen, bleibt aber ihnen überlassen. Gegenstand einer Leistungsbeurteilung kann nur das Wissen, nicht das Verhalten der Schüler sein.

Den Kindern einer 2. Grundschulklasse wurde von der Lehrerin, die den Schwimmunterricht erteilte, gesagt, sie müssten zu jeder Unterrichtsstunde Mützen mitbringen und auf dem Rückweg von der Schwimmhalle zur Schule tragen, da häufig durch Zeitmangel oder die Nachlässigkeit der Kinder die Haare nicht ausreichend getrocknet würden und sie sich daher leicht erkälteten. Eine Mutter teilte der Schule mit, ihr Kind würde frei und selbstbestimmt erzogen, es habe sich entschieden, keine Mütze zu tragen.

Um ein Eingreifen der Lehrerin auf der Grundlage der Aufsichtspflicht zu rechtfertigen, muss sich die Gefahr einer Schädigung konkret abzeichnen. Dass nicht ausreichend getrocknete Haare zu Erkältungen führen, ist als allgemeingültige Aussage eine unbewiesene Behauptung und im Einzelfall nicht nachweisbar. Die Lehrerin hat daher keine zur Gefahrenabwehr erforderliche Maßnahme ergriffen. Rechtfertigt die Aufsichtspflicht die Anordnung nicht, könnte sie Teil des schulischen Erziehungsauftrags sein. Doch der vermeintliche Schutz vor Erkältungen durch das Tragen von Mützen gehört nicht zu diesen Erziehungszielen.

SEXUALERZIEHUNG

Auf einer Elternversammlung informierte die Klassenlehrerin über die Sexualerziehung. Die Eltern einer Schülerin baten um die Vorlage aller Unterrichtsmaterialien. Die Lehrerin erklärte, das sei zu aufwendig und eine mündliche Darstellung der Ziele und wesentlichen Inhalte reiche aus.

Die Schule muss das Erziehungsrecht der Eltern achten, hat aber auch einen eigenen Erziehungsauftrag und ist mit widerstreitenden Erziehungszielen in der Elternschaft konfrontiert. Eltern haben kein Mitbestimmungsrecht bei den Zielen, Inhalten und Methoden der Sexualerziehung, sie haben aber ein sehr weitreichendes Informationsrecht, damit sie auf die Fragen ihrer Kinder antworten und ihre eigenen Wertungen zur Geltung bringen können (BVerfG, Az.: 1 BvL 1/75, 1 BvR 147/75). Zu einer rechtzeitigen und umfassenden Information gehört auch der Einblick in die verwendeten Unterrichtsmaterialien (BVerwG, Az.: 7 C 8.73). Die Lehrerin musste also den Eltern auf Wunsch alle Unterrichtsmaterialien vorlegen.

Bei dieser das Erziehungsrecht der Eltern und die Persönlichkeitsrechte der Schüler tiefgreifend berührenden Aufgabe der Schule ist eine besonders enge und vertrauensvolle Zusammenarbeit notwendig. Die Schule vermittelt Kenntnisse beispielsweise zu Verhütungsmethoden, Schwangerschaftsabbrüchen, Geschlechtskrankheiten, sexuellen Orientierungen und Missbrauchsgefahren. Sie fördert die Toleranz und muss für die verschiedenen Wertvorstellungen offen sein (BVerwG, Az.: 7 C 8.73).

Eltern und Schüler haben einen Anspruch auf Zurückhaltung und Toleranz ihren Auffassungen gegenüber. Die Schule darf die Schüler nicht beeinflussen, ein bestimmtes Sexualverhalten zu befürworten oder abzulehnen (BVerfG, Az.: 1 BvR 1358/09). Die Schule darf also keine bestimmte Sexualethik vermitteln, das ist Aufgabe der Eltern. Eltern und Schüler haben keinen Befreiungsanspruch, verstoßen aber nicht gegen Rechtspflichten, wenn sie in diesem privaten und intimen Lebensbereich ihren Überzeugungen folgen.

FEHLVERHALTEN

Verstoßen Schüler gegen Regeln, können Lehrer bei leichtem Fehlverhalten erzieherische Einwirkungen ergreifen. In schwereren Fällen kann die Schule Ordnungsmaßnahmen aussprechen. In den Schulgesetzen werden einige erzieherische Einwirkungen wie die Ermahnung, die schriftliche Missbilligung und der Ausschluss von der laufenden Unterrichtsstunde ausdrücklich genannt. Weitere, im Gesetz nicht aufgezählte erzieherische Maßnahmen sind möglich.

Das Engagement der Eltern, gegen deren Kind sich ein Fehlverhalten von Mitschülern richtet, kann bei erzieherischen Einwirkungen und Ordnungsmaßnahmen der Schule hilfreich sein. Eltern, die sich auf die Seite eines Lehrers stellen, der erzieherische Maßnahmen ergreift, oder die sich nach einer von der Schule ausgesprochenen Ordnungsmaßnahme, gegen die Widerspruch erhoben wurde, mit einem die Ordnungsmaßnahme unterstützenden Brief an die Schulaufsicht wenden, in dem sie auf die Auswirkungen des Fehlverhaltens auf ihr Kind hinweisen, erhöhen die Erfolgsaussichten der Schule deutlich.

SITZPLATZWECHSEL

»Euch Quatschtanten setze ich jetzt auseinander.« Die Lehrerin forderte eine Schülerin, die sich während des Unterrichts häufig mit ihrer Sitznachbarin unterhielt, auf, sich an einen anderen Tisch zu setzen.

Die Umsetzung von Schülern innerhalb der Klasse, um Unterrichtsstörungen zu verhindern, ist nur ein geringfügiger Eingriff, der auch ohne ausdrückliche Erwähnung im Schulgesetz rechtmäßig ist (VG Braunschweig, Az.: D 96/88). Lehrer dürfen alle ihnen sinnvoll erscheinenden erzieherischen Maßnahmen ergreifen, die Schüler nicht erheblich belasten.

»GELDBUSSEN«

Schüler, die gegen Regeln verstoßen, müssen je nach Schwere des Fehlverhaltens 20 Cent oder 50 Cent in die Klassenkasse zahlen.

Die zu zahlenden Geldbeträge sind nicht sonderlich hoch, stellen aber keinen geringfügigen Eingriff in die Rechte der Schüler dar. Geldzahlungen dürfen ohne gesetzliche Grundlage nicht verlangt werden. Ein Beschluss der Klasse, eine Zahlungspflicht bei kleineren Vergehen wie dem Benutzen von Schimpfworten einzuführen, wäre nicht verbindlich, da die Mehrheit der Schüler einer Klasse nicht durch einen Beschluss jeden einzelnen Mitschüler zur Zahlung verpflichten kann. Freiwillige Zahlungen sind grundsätzlich möglich, es fehlt aber an der Freiwilligkeit, wenn die Lehrerin die Schüler vor die Wahl stellt, Geld in die Klassenkasse zu zahlen oder eine andere erzieherische Einwirkung wie zum Beispiel einen Klassenbucheintrag folgen zu lassen.

KONFISZIERUNG DES SMARTPHONES

Die Nutzung von Smartphones im Unterricht und den Pausen untersagte die Schulordnung einer Schule und sah eine Wegnahme von mindestens drei Unterrichtstagen bei Verstößen vor.

Die Handynutzung war nicht auf dem gesamten Schulgelände verboten – das wäre, wie in Bayern geschehen, nur durch ein Verbot im Schulgesetz möglich. Vor Unterrichtsbeginn und nach Unterrichtsende sowie in Freistunden war sie erlaubt. Die Schule durfte das Nutzungsverbot beschließen, da es verhältnismäßig ist. Die Festlegung der Mindestdauer einer Konfiszierung von drei Tagen war dagegen rechtswidrig, da sie dem Einzelfall nicht gerecht wird und bei geringfügigen Verstößen zu einer zu weitreichenden Sanktion führt.

Die Schulgesetze gestatten die vorübergehende Wegnahme störender Gegenstände, zu denen auch ein Smartphone gehören kann. Die Dauer der Wegnahme richtet sich nach der Häufigkeit und Art der Störung. Bei einer geringfügigen, erstmaligen Störung des Unterrichts wird der Schüler nur ermahnt oder ihm wird das Gerät weggenommen und am Ende der Stunde zurückgegeben. Eine erhebliche oder wiederholte Störung rechtfertigt die Konfiszierung bis zum Ende des Unterrichtstags oder bis zum nächsten Tag mit der Aufforderung an die Eltern, das Handy in der Schule abzuholen. Selbst die Wegnahme übers Wochenende, da die Eltern das am Freitag weggenommene Smartphone erst am Montag abholen können, stellt weder einen tiefen Eingriff in das Eigentumsrecht des Schülers noch in das Erziehungsrecht der Eltern dar (VG Berlin, Az.: 3 K 797.15). Weigern sich Eltern, zur Schule zu kommen, und verlangen die Herausgabe an den Schüler, widerspricht das nicht nur einer vertrauensvollen Zusammenarbeit mit der Schule, sondern kann auch zu einer erzieherischen Einwirkung oder Ordnungsmaßnahme anstelle der milderen Einbehaltung des Mobiltelefons bis zum nächsten Tag führen.

RECHT AUF UNTERRICHT

Die Kehrseite der Schulpflicht ist das Recht der Schüler auf Unterricht.

Die Grimassen und Scherze eines Schülers lenkten die Mitschüler vom Unterricht ab. Er wanderte zudem während des Unterrichts wiederholt durch den Klassenraum. Der Aufforderung des Lehrers, sich hinzusetzen, folgte der Schüler immer erst mit erheblicher Verzögerung. Der Lehrer forderte den Schüler daher auf, den Unterricht zu verlassen.

Dem Ausschluss von der laufenden Unterrichtsstunde kann der Schüler nicht sein Recht auf Unterricht entgegenhalten, da er durch sein Verhalten das Recht der Mitschüler auf Unterricht zunichtegemacht hat. Eltern, denen das Recht ihres Kindes auf Unterricht wichtig ist, sollten es nicht zur Rechtfertigung eines Fehlverhaltens missbrauchen, sondern das Recht der anderen Schüler auf Unterricht respektieren und gemeinsam mit dem Lehrer nach den Ursachen des Verhaltens ihres Kindes fragen.

ENTSCHULDIGUNG

»Bist du behindert, oder was?«, rief ein Schüler nach einer ungelenken Präsentation eines Mitschülers und äffte das Verhalten des Mitschülers nach. Die Lehrerin forderte den Schüler auf, sich zu entschuldigen. Daraufhin rief der Schüler dem Mitschüler »Entschuldigung!« zu.

Schüler können sich aus eigenem Entschluss entschuldigen oder durch eine erzieherische Maßnahme zur Entschuldigung verpflichtet werden. Eine Entschuldigungspflicht kann eine Ordnungsmaßnahme ergänzen. »Entschuldigung« ist aber kein Zauberwort, mit dem sich das eigene Fehlverhalten tilgen ließe. Eine Entschuldigung muss angemessen und ernst gemeint sein. Bei schwerem Fehlverhalten wie einer Körperverletzung ist sie, wenn überhaupt, nur ergänzend zu anderen Maßnahmen und nur durch Taten bekräftigt angemessen.

Wirksam wird eine Entschuldigung nicht, wenn sie geäußert, sondern erst, wenn sie angenommen wird. Niemand ist verpflichtet, eine aus seiner Sicht nicht ernst gemeinte Entschuldigung zu akzeptieren (VG Hannover, Az.: 6 A 3649/00).

Schon die Formulierung weist auf die Ernsthaftigkeit hin. Ein zugerufenes »Entschuldigung!« kann nur bei einem geringfügigen Versehen wie einem unbeabsichtigten Anrempeln entlastend wirken. Nach der Beleidigung und Bloßstellung eines Mitschülers fehlt ihm jede Wirkung. »Ich entschuldige mich« ist eine übliche Formulierung, birgt aber die Gefahr, das Wesen des Vorgangs zu verkennen. »Ich bitte um Entschuldigung« oder »Ich bitte um Verzeihung« entsprechen eher der Unmöglichkeit, sich selbst zu entschuldigen. Der bloßgestellte Schüler entscheidet, ob die Entschuldigung wirksam wird, indem er das Fehlverhalten verzeiht. Kann die Schule eine Weigerung des Schülers, die Entschuldigung zu akzeptieren, nachvollziehen, wirkt sich die Entschuldigung nicht mildernd auf die schulische Maßnahme aus.

PRIVATES FEHLVERHALTEN

Fehlverhalten von Schülern außerhalb der Schule darf nur zu schulischen Konsequenzen führen, wenn ein Schulbezug gegeben ist. Einige Eltern freut das, da Lehrer sich nicht in ihre privaten Angelegenheiten einmischen dürfen. Andere Eltern ärgert es, da die Schule ihre Kinder nicht schützen kann. Bei Lehrern fallen die Reaktionen ebenfalls zwiespältig aus. Einige sind froh, nicht in private Auseinandersetzungen eingreifen zu müssen, andere bedauern es, nicht helfen zu können.

Alte Feindschaft rostet nicht: Schüler, die vor zwei Jahren gemeinsam eine Schule besucht hatten, konnten sich zwar nicht leiden, hatten aber privat über soziale Medien gelegentlich Kontakt. In einem Video, das er dem anderen Schüler zusandte, drohte ein Schüler, dem anderen die Kehle durchzuschneiden, machte eine entsprechende Geste und hielt ein Cutter, das er auf Veranlassung des Biologielehrers gekauft hatte, in die Kamera. Die Eltern des bedrohten Schülers forderten dessen Schule auf, eine Ordnungsmaßnahme zu ergreifen.

Allein die Verwendung eines auf Veranlassung der Schule angeschafften Messers zur Bedrohung eines anderen Kindes oder Jugendlichen begründet nicht den für eine Ordnungsmaßnahme notwendigen Schulbezug. Die Bedrohung beruhte nicht auf einem schulischen Konflikt und wurde auch nicht in der Schule ausgesprochen. Ein zwei Jahre zurückliegender gemeinsamer Schulbesuch wirkt selbst dann nicht fort, wenn die Konflikte dort entstanden sein sollten, da eine Ordnungsmaßnahme einen Bezug zur gegenwärtig besuchten Schule voraussetzt. Die Eltern des bedrohten Schülers sollten daher zunächst das Gespräch mit den Eltern des Täters suchen und bei einem Scheitern die Polizei und das Jugendamt informieren.

»Du fickst jeden Assi (sic!) in der Stadt«, lautete der in einem Internetforum über den Computer einer Schülerin gesandte Eintrag über eine Mitschülerin ihrer Klasse. Die Schule erteilte der Schülerin einen schriftlichen Verweis und überwies sie in die Parallelklasse.

Der Konflikt zwischen den Schülerinnen, die dieselbe Klasse besuchten, war nicht in der Schule entstanden. Das Internetforum war weder von der Schule eingerichtet worden noch ausschließlich Schülern in der Schule zugänglich. Die Beleidigung wirkte daher weder unmittelbar in die Schule hinein, noch waren schulische Mittel genutzt worden. Es handelte sich um eine private Angelegenheit und die schulische Ordnungsmaßnahme war rechtswidrig (VG Gelsenkirchen, Az.: 4 K 2662/08).

SCHÜLERBEFRAGUNG

Der gemeinsame Erziehungsauftrag der Eltern und der Schule, die gesetzlich geforderte vertrauensvolle Zusammenarbeit und das Interesse der Schüler und Eltern an rechtmäßigen schulischen Entscheidungen sollten gute Gründe für Eltern und Schüler sein, die Schule dabei zu unterstützen, herauszufinden, was passiert ist.

> *Der Klassenlehrer forderte einen beteiligten minderjährigen Schüler auf, einen Vorfall, dessen genauen Verlauf die Schule nicht kannte, schriftlich zu schildern. Die Schule stellte aufgrund der Schilderung ein Fehlverhalten des Schülers fest und sprach einen schriftlichen Verweis aus. Die Eltern des Schülers hielten den Verweis für rechtswidrig, da ihr Kind ohne ihre Einwilligung eine schriftliche Erklärung gegenüber der Schule abgegeben habe und nicht auf sein Aussageverweigerungsrecht hingewiesen worden sei.*

Der Erziehungsauftrag der Schule beruht auf den Schulgesetzen und ist unabhängig von einer Zustimmung der Eltern. Die Schule könnte erzieherisch nicht wirkungsvoll handeln, wenn sie in jedem Fall die Zustimmung der Eltern einholen müsste. Die Eltern können auch nicht darauf verweisen, dass nur sie und nicht ihr minderjähriges Kind rechtlich verbindliche Erklärungen der Schule gegenüber abgeben können, da die Schilderung eines Vorfalls keine rechtsverbindliche Erklärung ist. Lehrer dürfen daher Schüler in der Schule ohne Einverständnis der Eltern befragen (OVG NRW, Az.: 19 A 508/16).

Ordnungsmaßnahmen sind pädagogische und keine strafrechtlichen Maßnahmen. Das Aussageverweigerungsrecht des Strafprozessrechts gibt es bei Ordnungsmaßnahmen nicht (OVG NRW, Az.: 19 A 508/16).

ORDNUNGSMAẞNAHMEN

Ordnungsmaßnahmen werden in den Schulgesetzen in einer bestimmten Reihenfolge aufgezählt, die der Schwere der Maßnahme entspricht. Üblich ist diese Reihenfolge:

- schriftlicher Verweis,
- Unterrichtsausschluss,
- Überweisung in die Parallelklasse,
- Androhung der Entlassung und
- Entlassung von der Schule.

Eltern dürfen aus der Reihenfolge der Aufzählung in den Schulgesetzen nicht den Schluss ziehen, Ordnungsmaßnahmen müssten immer in dieser Reihenfolge ausgesprochen werden. Es können Einzelmaßnahmen übersprungen werden, und auch ein Rückschritt ist möglich. Maßstab ist in jedem Fall die Verhältnismäßigkeit, also das richtige Verhältnis von Fehlverhalten und Ordnungsmaßnahmen.

Soziale Dienste außerhalb der Schule, zum Beispiel in einem Altenheim, wurden in einer von der Schulkonferenz beschlossenen Schulordnung als Ordnungsmaßnahme aufgeführt.

Schulen dürfen den Katalog der Ordnungsmaßnahmen im Schulgesetz nicht erweitern oder ändern, indem sie eigene Ordnungsmaßnahmen festlegen. Das gilt auch dann, wenn eine im Schulgesetz nicht vorgesehene Ordnungsmaßnahme von der Konferenz der Lehrer-, Eltern- und Schülervertreter als oberstem Beschlussorgan der Schule beschlossen wird. Kein Schulgesetz verleiht einer Konferenz die Zuständigkeit, neue Ordnungsmaßnahmen festzulegen.

Vier Tage Unterrichtsausschluss waren die Konsequenz einer Prügelei. Der Schulleiter wollte dem Schüler drei Monate nach dem Unterrichtsausschluss wegen der Beleidigung einer Lehrerin im

Unterricht einen schriftlichen Verweis erteilen. Lehrer forderten, er müsse in die parallele Lerngruppe überwiesen werden, da es einen »Rückschritt« bei Ordnungsmaßnahmen nicht geben könne.

Ein schriftlicher Verweis nach einem bereits ausgesprochenen Unterrichtsausschluss ist möglich, wenn es sich wie in diesem Fall um ein anders geartetes Fehlverhalten handelt. Eine geringere Maßnahme kommt auch bei gleichartigem, aber weniger schwerwiegendem Fehlverhalten infrage, insbesondere wenn zwischen beiden Vorfällen einige Zeit vergangen ist. Liegt eine Schlägerei ein halbes Jahr zurück und hat ein Schüler einem Mitschüler bei einem Streit eine Ohrfeige gegeben, könnte die Schule zu einer schwerwiegenderen Maßnahme greifen, wenn sie von der Wirkungslosigkeit des ersten Unterrichtsausschlusses ausgeht. Sie könnte aber auch einen kürzeren Unterrichtsausschluss oder lediglich einen schriftlichen Verweis aussprechen oder eine erzieherische Einwirkung ergreifen, wenn sie die erste Maßnahme für wirkungsvoll, aber eine Erinnerung des Schülers für notwendig hält.

Wegen unerlaubten Filmens einer Mitschülerin war ein Schüler vor zwei Jahren für fünf Tage vom Unterricht ausgeschlossen worden. Nachdem er wieder eine Mitschülerin gefilmt hatte, beschloss die Schule einen Unterrichtsausschluss von zehn Tagen, da der erste Ausschluss sich als wirkungslos erwiesen habe.

Ordnungsmaßnahmen verjähren nicht, dürfen aber auch nicht nach beliebig langer Zeit berücksichtigt werden. In der juristischen Literatur wird meist bei gleichartigem Fehlverhalten ein Kalenderjahr als Anhaltspunkt genannt, da Kinder und Jugendliche sich schnell entwickeln, die Ordnungsmaßnahme sich über einen längeren Zeitraum als wirkungsvoll erwiesen hat und Schüler eine neue Chance verdienen. Je nach Alter der Schüler, dem Ausmaß der Ähnlichkeit des Fehlverhaltens und den konkreten Umständen des Einzelfalls kann dieser Zeitraum geringfügig verkürzt oder verlängert werden.

Nach zwei Jahren darf demnach trotz der hohen Vergleichbarkeit des Fehlverhaltens nicht mehr auf die frühere Ordnungsmaßnahme zurückgegriffen werden.

PROVOKATION

> *»Der hat Läuse!« Nach dieser Äußerung in der Pause griff der angeblich von Läusen befallene Schüler seinen Mitschüler an, da er sich in seiner Ehre verletzt fühlte.*

Erklären Schüler nach einem gewalttätigen Angriff auf Mitschüler, sie seien durch eine Ehrverletzung provoziert worden, kann das ihr Verhalten auch dann nicht rechtfertigen, wenn sie tatsächlich provoziert worden sind. Konflikte müssen in der Schule gewaltfrei gelöst werden. Der provozierte Schüler erhielt ebenso wie der provozierende Schüler zu Recht einen schriftlichen Verweis und wurde zur Teilnahme an einer schulischen Mediation verpflichtet (VG Berlin, Az.: 3 K 320.13).

KONTAKTVERBOT

Es ist schön, wenn Geschwister füreinander da sind und sich gegenseitig beschützen. Es ist aber weniger schön, wenn Geschwister sich verpflichtet fühlen oder familiär verpflichtet werden, ihre Geschwister und andere Menschen zu bevormunden und dabei sogar gewalttätig zu werden.

> *Falls er weiterhin versuchen sollte, privat und in der Schule Kontakt zu seiner jüngeren Schwester aufzunehmen, müsse er mit Konsequenzen rechnen, drohte ein Schüler einem Mitschüler. Die Schule schloss den Schüler für einige Tage vom Unterricht aus.*

Auch wenn es außerschulische Kontakte gab und der Konflikt auf familiären Regeln für das Privatleben beruhte, handelte es sich um schulisches Fehlverhalten, da neben privaten auch schulische Kontakte verboten wurden und der gemeinsame Schulbesuch zur Bedrohung genutzt wurde. Die Eltern des Mädchens hatten kein Recht, ihre erzieherischen Vorstellungen in der Schule mit Gewaltdrohungen gegen Schüler durchzusetzen. Die Schule musste den bedrohten Schüler schützen.

Ein mehrtägiger Unterrichtsausschluss war eine verhältnismäßige Ordnungsmaßnahme, da er vorübergehend eine Situation ohne den Bewacher und Bedroher schaffte. Möglich wäre auch zusätzlich die erzieherische Einwirkung eines zeitlich begrenzten Kontaktverbots in den Pausen (VG Düsseldorf, Az.: 18 L 1414/16).

Eine gemeinsame Basis von Schule und Eltern dürfte sich hier nur schwer und allenfalls langfristig herstellen lassen, da die Vorstellungen von akzeptablem sozialem Verhalten und die Vorstellungen von Schutz durch den Staat oder durch Familienclans, auf die das Verwaltungsgericht in seiner Entscheidung deutlich hingewiesen hat, weit auseinanderliegen.

ERZIEHERISCHES BEMÜHEN DER ELTERN

Bei der Schwere einer Ordnungsmaßnahme muss die Schule das ernsthafte erzieherische Bemühen der Eltern berücksichtigen, zum Beispiel das Gespräch mit einer Erziehungsberatung oder einen auf Veranlassung der Eltern vom Schüler übernommenen außerschulischen sozialen Dienst. Die Eltern können durch eigene Entscheidungen die erzieherischen Bemühungen der Schule unterstützen, ergänzen oder sogar überflüssig machen.

Mit dem ihm anvertrauten Klassenraumschlüssel schloss sich ein Schüler in der Pause mit zwei Mitschülern in einem Klassenraum ein, brach einen Schrank auf, in dem sich ein Projektor befand, und setzte mit dem Projektor Taschentücher in Brand. Die Schule schloss ihn von einer in vier Monaten stattfindenden Klassenfahrt aus.

Das Verwaltungsgericht hat diese Ordnungsmaßnahme wegen der Schwere des Fehlverhaltens und nicht zuletzt wegen der nicht genutzten Bewährungszeit bis zum Beginn der Klassenfahrt bestätigt (VG Minden, Az.: 8 L 406/12). Der Schüler hatte sich in dieser Zeit im Gegensatz zu seinen beiden Mitschülern geweigert, eine erzieherische Weisung zu befolgen und hatte mehrere Klassenbucheintragungen erhalten. Hätten die Eltern ihr Kind zu korrektem Verhalten in der Schule angehalten oder sogar erkennbar eigene erzieherische Maßnahmen wegen des Fehlverhaltens ergriffen, hätte der Schüler in der Logik der Begründung der Gerichtsentscheidung an der Klassenfahrt teilnehmen können, auch wenn er noch einmal einen Klassenbucheintrag erhalten hätte. Denn ein zwischenzeitlich gutes und beanstandungsfreies Verhalten darf die Schule nicht ignorieren (VG Minden, Az.: 8 L 406/12).

BELÄSTIGUNGEN

»Hast du Eier, dann …« spielten drei Siebtklässler in einer Pause als Mutprobe. Einer der Schüler sprach zwei Schülerinnen einer 5. Klasse an: »Lass uns zusammen sein und ficken … hast du geile Titten, darf ich die mal anfassen?« und strich einem der Mädchen durchs Haar. Ein Jahr zuvor war dem Schüler gegenüber wegen einer Tätlichkeit die Androhung der Entlassung ausgesprochen worden.

Die Uneinsichtigkeit des Schülers und seiner Eltern war neben der schweren Belästigung und Beleidigung der Schülerinnen, die aus

Angst vor dem Schüler nicht mehr zur Schule kommen wollten, und der früheren Androhung der Entlassung entscheidend für die sofortige Entlassung. Der Schüler hatte sein Verhalten als Spaß bezeichnet und seine Eltern wollten in den erheblichen Belästigungen und der Einschüchterung der Mädchen nur einen dummen Jungenstreich sehen.

Entscheidend für die Bewertung eines Verhaltens ist, wie das Verwaltungsgericht festgestellt hat, nicht die Interpretation des Täters oder seiner Eltern, sondern das Verständnis eines vernünftigen Empfängers (VG Düsseldorf, Az.: 18 L 3741/16). Ein vernünftiger Empfänger der Schüleräußerungen wird wohl ebenso wenig ein Verständnisproblem haben, wie es die Schule und die Eltern der belästigten Mädchen hatten.

Eltern, die erzieherische Bemühungen der Schule nicht unterstützen oder sogar untergraben, indem sie die Perspektive ihrer Kinder verabsolutieren, die objektive Problematik nicht erkennen und die Auswirkungen auf andere Schüler ignorieren, erzwingen geradezu harte schulische Maßnahmen. Hätten die Eltern im Fallbeispiel gemeinsam mit den Lehrern über Maßnahmen nachgedacht, wie derartige Entgleisungen pubertären Verhaltens in Zukunft verhindert werden können, eine glaubwürdige und nachhaltige Entschuldigung aussehen müsste und wie den Mädchen ein Gefühl der Sicherheit vor Belästigungen gegeben werden könnte, wäre der Schüler wohl nicht von der Schule verwiesen worden. Bei erzieherisch aktiven und kooperativen Eltern hätte es zudem die schwere Gewalttätigkeit, die zur Androhung der Entlassung geführt hatte, nicht gegeben.

DROGENKONSUM

Die Begrenztheit der schulischen Mittel ohne die Unterstützung durch die Eltern sowie der Einfluss der Eltern auf schulische Entscheidungen werden beim Drogenkonsum von Schülern besonders deutlich.

Ein bisher guter Schüler kam häufig zu spät zum Unterricht, war unaufmerksam und reagierte häufig seltsam. Die Lehrer hatten den Eindruck, dass er häufiger in der Schule unter Drogeneinfluss stand. Eine Konferenz wurde einberufen, um die Androhung der Entlassung auszusprechen.

Die Androhung ist ein deutliches Warnsignal an den Schüler. Eine sofortige Entlassung ohne vorherige Androhung würden die Gerichte akzeptieren, wenn zum Konsum die Anbahnung von Kontakten der Mitschüler zur Drogenszene oder eigener Drogenhandel hinzukämen (VGH Bayern, Az.: 7 CS 02.776). Eine Entlassung wäre auch möglich, wenn der Schüler trotz der Androhung wieder unter Drogeneinfluss zur Schule käme.

Ein dauerhafter Drogenverzicht erfordert großes Engagement der Eltern sowie die gegenseitige Information und vertrauensvolle Zusammenarbeit von Elternhaus und Schule. Sind Eltern erkennbar bereit, diesen Weg zu gehen, kann die Schule sogar vorläufig oder dauerhaft auf die Entlassung des Schülers von der Schule verzichten, da die Gefahren für die Mitschüler und den Schüler selbst durch die Kontrolle seitens der Eltern, eine Drogentherapie und die enge Zusammenarbeit von Elternhaus und Schule beseitigt werden können.

SCHWERE KÖRPERVERLETZUNG

Die Androhung der Entlassung als letzte Warnung erübrigt sich, wenn die Rechte anderer durch ein besonders schweres, insbesondere kriminelles Fehlverhalten gefährdet oder verletzt werden oder auf andere Weise grundlegende schulische Erziehungsziele vollständig ignoriert werden.

2,5 Zentimeter tief war die Wunde, die ein Schüler einer 6. Klasse während des Kunstunterrichts einem Mitschüler durch den Stich mit einer Schere ins Bein zufügte.

Schwere Körperverletzung begründet schon allein die Entlassung ohne vorherige Androhung (VG Düsseldorf, Az.: 18 K 8703/15). In diesem Fall lag eine kriminelle Energie zugrunde, die sich auch in dem Versuch, Mitschüler durch Androhung von Gewalt zu falschen Geständnissen zu zwingen, äußerte.

Schulische Ordnungsmaßnahmen allein sind jedoch keine angemessene Reaktion auf ein schweres kriminelles Verhalten. Die Eltern des verletzten Schülers sollten zudem Anzeige erstatten. Die Schule sollte das ebenfalls tun, wenn der Schutz des Opfers, die Schwere der Tat sowie die kriminelle Energie des Täters dafür sprechen und die Schule nicht auf jugendliches Fehlverhalten überreagiert.

Die Schulleitung benötigt für eine Benachrichtigung der Polizei oder der Staatsanwaltschaft, die zwangsläufig zu strafrechtlichen Ermittlungen führt, nicht das Einverständnis der Erziehungsberechtigten des Täters oder Opfers. Sie sollte in jedem Fall mit den Eltern des Opfers besprechen, ob sie wegen der damit verbundenen Belastungen Bedenken gegen eine Anzeige haben. Die Eltern des Täters werden von einer beabsichtigten Anzeige nicht informiert, um die Ermittlungen nicht zu beeinträchtigen. Die Polizei oder die Staatsanwaltschaft unterrichten die Eltern des Täters.

Auch wenn ein Schüler der 6. Klasse in der Regel noch nicht strafmündig, also noch nicht 14 Jahre alt sein wird, kann eine Mitteilung an die Polizei sinnvoll sein, wenn eine Tendenz zu kriminellem Handeln erkennbar ist, da die Tat mit der Anzeige aktenkundig wird und der Täter sich nach Vollendung des 14. Lebensjahrs bei weiteren Taten nicht als unbeschriebenes Blatt auf ein angeblich erstmaliges Fehlverhalten berufen kann.

Die Eltern des betroffenen Schülers können unabhängig von der schulischen Entscheidung Polizei oder Staatsanwaltschaft informieren. Dabei werden sie neben dem Wunsch, der Täter solle zur Verantwortung gezogen werden, auch die mit den Befragungen durch Polizei oder Staatsanwaltschaft und die möglicherweise lange Dauer des Verfahrens verbundenen Belastungen ihres Kindes bedenken.

ORDNUNGSMASSNAHMENKONFERENZ

Die Entscheidung über eine Ordnungsmaßnahme ist vielfach keine ausschließliche Aufgabe der Schulleitung und der Lehrer. Die Verfahrensvorschriften der Bundesländer sehen in der Regel die Beteiligung von Eltern- und Schülervertretern an Ordnungsmaßnahmenkonferenzen vor, schränken diese aber durch das Recht des betroffenen Schülers und seiner Eltern ein, einer Beteiligung zu widersprechen.

Eltern- und Schülervertreter sollen die Erfahrungen und Wertvorstellungen der Eltern- und Schülerschaft in die Beratung über eine Ordnungsmaßnahme einbringen. Sie sind weder Vertreter des Täters noch des Opfers, sondern ergänzen die Schulleitungs- und Lehrerperspektive durch die Eltern- und Schülersicht. Ihrer Aufgabe werden sie gerecht, wenn nicht vorhersehbar ist, wie sie sich entscheiden werden. Die ergebnisoffene Bereitschaft, jeden Einzelfall zu prüfen, vermindert auch die Wahrscheinlichkeit eines Widerspruchs gegen ihre Teilnahme an der Konferenz.

ELTERNGREMIEN

Wird Fehlverhalten von Schülern in Elterngremien erörtert, darf das Ziel nur eine Verminderung der Probleme in der Zusammenarbeit mit den Lehrern und den Eltern des verhaltensauffälligen Schülers und kein ausschließlich auf Anklage und Verurteilung zielendes Vorgehen sein. Beschlüsse können Elterngremien in Erziehungsfragen ohnehin nicht fassen, sondern lediglich über die Erziehungsarbeit in der Klasse beraten.

»Unerträgliches Fehlverhalten des X. und bisheriges Versagen der Klassenlehrerin U.«, so lautete ein Tagesordnungspunkt des Elterngremiums der Klasse. Die Eltern des Schülers X. und die Klassenlehrerin hielten den Tagesordnungspunkt für rechtswidrig,

da das Elterngremium der Klasse nicht über einzelne Schüler und Lehrer sprechen dürfe.

Zu den gesetzlichen Aufgaben des Elterngremiums einer Klasse gehört die Erörterung der Erziehungsarbeit in der Klasse. Dazu kann ausnahmsweise auch das Gespräch über einzelne Schüler gehören, wenn von ihnen die gesamte Klasse beeinträchtigende erzieherische Probleme ausgehen (VG Freiburg, Az.: 2 K 1812/04). Die Beratung verstieß nicht gegen den Datenschutz, da die Nennung des Namens und konkreter Vorfälle erforderlich ist, um die gesetzliche Aufgabe der Beratung über die Erziehungsarbeit erfüllen zu können und der Name des betroffenen Schülers und das die gesamte Klasse beeinträchtigende Fehlverhalten in der Elternschaft der Klasse allgemein bekannt waren. Über das erzieherische Verhalten der Klassenlehrerin durfte ebenfalls gesprochen werden. Einige Länder lassen Erörterungen von Angelegenheiten einzelner Schüler nur zu, wenn deren Eltern oder die Schüler selbst, die mindestens 14 Jahre alt sind, zustimmen.

Obwohl das Verhalten eines bestimmten Schülers und das der Klassenlehrerin erörtert werden dürfen, führt die Formulierung zur Rechtswidrigkeit des Tagesordnungspunktes, da sie eine Anklage und Vorverurteilung beinhaltet. Ein Elterngremium ist kein Tribunal, vor dem sich einzelne Schüler oder Lehrer zu verantworten haben. Die Formulierung des Tagesordnungspunktes widerspricht der in den Schulgesetzen vorgegebenen Aufgabe des Elterngremiums der Klasse, der Zusammenarbeit zwischen Eltern, Lehrern und Schülern zu dienen, und geht über das Recht zur Information und zum Meinungsaustausch hinaus. Das Verhalten des Schülers und die Reaktionen der Klassenlehrerin dürfen bei einem Meinungsaustausch durchaus bewertet werden, die Diskussion muss aber ergebnisoffen und lösungsorientiert im Sinne der Zusammenarbeit von Eltern, Lehrern und Schülern geführt werden.

ANHÖRUNG DER ELTERN UND SCHÜLER

Die in allen Bundesländern vor einer Ordnungsmaßnahme vorgeschriebene Anhörung der Eltern und des Schülers darf nicht als Aufforderung zur Verteidigung gegen eine erhobene Anklage missverstanden werden. Die Eltern erhalten eine schriftliche Einladung zur persönlichen Stellungnahme vor dem Schulleiter oder einer Konferenz als der Stelle, die über die Ordnungsmaßnahme entscheidet. In dem Schreiben wird der Sachverhalt geschildert, der zu einer Ordnungsmaßnahme führen kann und zu dem die Eltern und der Schüler Stellung nehmen können. Im Sinne der vertrauensvollen Zusammenarbeit ist die Anhörung ein gemeinsames Bemühen um die Wahrheit und die erzieherisch richtige Entscheidung. Die Eltern und der Schüler, gegen den eine Ordnungsmaßnahme ausgesprochen werden soll, tragen durch die Anhörung erheblich zu einer rechtmäßigen und wirksamen Maßnahme bei. Das kann auch für die Eltern der Schüler gelten, gegen die sich das Fehlverhalten richtete.

> *»Die Konferenz muss uns anhören!«, forderten die Eltern eines Schülers, der auf dem Schulhof von einem anderen Schüler verprügelt worden war.*

Durch andere Schüler verletzte Schüler und deren Eltern haben kein gesetzliches Anhörungsrecht vor der Ordnungsmaßnahmenkonferenz. Daraus darf aber nicht der Schluss gezogen werden, sie könnten die Entscheidung weder anregen noch beeinflussen. Eltern können den Schutz ihrer Kinder durch die Schule in Gesprächen mit Lehrern und der Schulleitung einfordern und beantragen, als Zeugen von der Konferenz gehört zu werden.

Die Auswirkungen der Tat auf das Opfer, die eine Konferenz ohne die Schilderung des Schülers und der Eltern normalerweise nicht vollständig erfassen kann, sind bei der Prüfung der Verhältnismäßigkeit einer Ordnungsmaßnahme zu berücksichtigen. Die Eltern und

Schüler helfen der Schule, eine zum Schutz des Opfers erforderliche Maßnahme zu finden.

Nur allzu oft stehen Eltern des Täters, die das Fehlverhalten ihres Kindes oder die Verhältnismäßigkeit einer Ordnungsmaßnahme entschlossen und nicht selten mit anwaltlicher Unterstützung bestreiten, auf die schulische Reaktion vertrauende, schweigende Eltern des Opfers gegenüber. Es gibt keine gesetzliche Verpflichtung, die Eltern des Opfers vor einer Ordnungsmaßnahme anzuhören, die Schule darf aber alle Personen hören, deren Stellungnahme zu einer angemessenen Entscheidung beitragen kann. Bittet die Schule nicht von sich aus die Eltern des Opfers um eine Stellungnahme, sollten die Eltern des Opfers die Initiative ergreifen, um vor oder während einer Ordnungsmaßnahme gehört zu werden. Sie können dann aus ihrer Sicht wichtige Tatsachen schildern, nicht zuletzt aber auch zu einer aus ihrer Sicht geeigneten Maßnahme Stellung nehmen. Die Schule wird die Möglichkeit zur Stellungnahme nur selten verweigern, um sich nicht dem Vorwurf auszusetzen, für die Entscheidung wichtige Tatsachen übersehen oder Argumente ignoriert zu haben. Einen solchen Vorwurf könnten die Eltern des Opfers bei der Schulaufsicht erheben.

Begrüßenswert wäre eine schulgesetzliche Regelung, welche die Konferenz verpflichtete, die Eltern und den von einem Fehlverhalten unmittelbar betroffenen Schüler auf deren Wunsch anzuhören. Die Schule müsste die Eltern und den Schüler dann fragen, ob sie angehört werden möchten. Die Schule würde durch die Stellungnahme der Opfer gestärkt, da es bei einer Überprüfung der Ordnungsmaßnahme durch die Schulaufsicht sicher nicht bedeutungslos ist, ob die Schulaufsicht die Stellungnahme des Opfers im Konferenzprotokoll liest und ihre Entscheidung auch den Eltern des verletzten Schülers gegenüber begründen muss.

ZUSAMMENFASSUNG: WAS ELTERN WISSEN SOLLTEN

- Der schulische Erziehungsauftrag ist begrenzter als der elterliche und umfasst vor allem die Mindeststandards sozialen Verhaltens sowie Erziehungsziele im öffentlichen Interesse.
- Welche Konsequenzen Eltern und Schüler aus schulischer Kenntnisvermittlung und schulischen Werturteilen für die persönliche Lebensführung ziehen, bleibt ihnen überlassen.
- Die Eltern haben kein Mitbestimmungsrecht bei den Zielen, Inhalten und Methoden der Sexualerziehung. Sie haben aber ein sehr weitreichendes Informationsrecht, zu dem auch der Einblick in die verwendeten Unterrichtsmaterialien gehört. Die Schule darf keine bestimmte Sexualethik vermitteln, das ist Aufgabe der Eltern.
- Schüler dürfen zu einem allgemeinen Ordnungsdienst sowie zu Putz- und Aufräumarbeiten herangezogen werden. Ein allgemeiner Toilettenreinigungsdienst ist jedoch unzulässig.
- Schüler, die Toiletten verschmutzt haben, können zur Beseitigung dieser Verschmutzung verpflichtet werden.
- Erzieherische Maßnahmen sind auch möglich, wenn sie im Schulgesetz nicht ausdrücklich genannt werden.
- Schüler dürfen bei Fehlverhalten nicht verpflichtet werden, Geld zu zahlen.
- Die Dauer der Wegnahme eines Smartphones hängt vom Einzelfall ab.
- Durch den Ausschluss eines störenden Schülers von der laufenden Unterrichtsstunde wird der Unterrichtsanspruch der anderen Schüler geschützt.
- Nicht ernst gemeinte oder unangemessene Entschuldigungen können betroffene Schüler und deren Eltern zurückweisen.
- Fehlverhalten außerhalb der Schule darf nur zu schulischen Konsequenzen führen, wenn ein Schulbezug existiert.
- Lehrer dürfen Schüler zu ihrer Beteiligung an Vorfällen in der Schule ohne Einverständnis der Eltern befragen.

- Schulen dürfen den Katalog der Ordnungsmaßnahmen im Schulgesetz – im Gegensatz zu den erzieherischen Einwirkungen – nicht erweitern oder ändern.
- Ordnungsmaßnahmen müssen nicht in der Reihenfolge verhängt werden, in der sie im Schulgesetz aufgezählt werden.
- Frühere Ordnungsmaßnahmen dürfen nach mehr als einem Jahr nur noch in Ausnahmefällen berücksichtigt werden.
- Bei der Schwere einer Ordnungsmaßnahme muss die Schule ernsthafte erzieherische Bemühungen der Eltern berücksichtigen.
- Beabsichtigt die Schule, Strafanzeige zu erstatten, sollte sie das nicht ohne Rücksprache mit den Eltern des Opfers tun. Die Eltern des Opfers können die Polizei unabhängig von der Schule informieren.
- Auch bei nicht strafmündigen Schülern kann eine Anzeige sinnvoll sein.
- Ordnungsmaßnahmenkonferenzen bieten Eltern und Schülern wichtige Mitwirkungsmöglichkeiten.
- Elterngremien dürfen häufiges, erhebliches Fehlverhalten einzelner Schüler der Klasse sachlich erörtern.
- Die Anhörung vor einer Ordnungsmaßnahmenkonferenz dient der gemeinsamen Erziehungsaufgabe von Eltern und Lehrern.
- Die Eltern des Opfers müssen die Initiative ergreifen, um vor einer Ordnungsmaßnahmenkonferenz gehört zu werden.

6 AUFSICHTSPFLICHT

Eltern haften nicht für ihre Kinder und Lehrer nicht für ihre Schüler. Eltern und Lehrer haften aber sehr wohl für die Verletzung ihrer Aufsichtspflicht. Bei der kritischen Betrachtung der Aufsicht der Lehrer hilft Eltern die Frage, wie sie sich verhalten hätten oder was sie tun würden. Der Blick auf das eigene Handeln bietet zwar keine rechtlich abgesicherten Maßstäbe, fördert aber eine realistische Betrachtung der Situation und macht Maßstäbe bewusst. Bei Klassenelternversammlungen kann deutlich werden, ob es sich um sehr subjektive oder in der Elternschaft weitverbreitete Maßstäbe handelt.

Eltern messen bei der Aufsicht gelegentlich mit zweierlei Maß. Was den eigenen Kindern zu privaten Zwecken nicht verweigert würde, wird bei einer Schulveranstaltung zur außerordentlich gefährlichen Unternehmung erklärt.

Acht Stunden dauerte die Rückfahrt eines Schülers einer 9. Klasse, der von der weiteren Teilnahme an einer Klassenfahrt ausgeschlossen worden war, da er einen Mitschüler geschlagen hatte. Ein Lehrer fuhr mit ihm zum Bahnhof, von dem aus er mit einem einmaligen Umsteigen nach Hause fahren konnte. Die Eltern forderten eine Begleitung durch einen Lehrer.

Ändert man den Grund der Fahrt in »Besuch bei den Großeltern«, dürfte es nur sehr wenige Eltern geben, die ihrem Kind die Reise untersagen würden, weil sie einem 14-Jährigen nicht zutrauen, eine achtstündige Bahnfahrt mit einmaligem Umsteigen sicher bewältigen zu können, wenn sie ihn zum Bahnhof bringen und die Großeltern ihn am Zielbahnhof abholen. Warum sollte dann ein Lehrer verpflichtet sein, den Schüler auf der Rückfahrt zu begleiten?

ERZIEHUNG UND SICHERHEIT

»Alles hängt mit allem zusammen« ist wie andere welterklärende Aussagen ebenso richtig wie falsch. Es kommt darauf an, wie weit hergeholt der Ursachenzusammenhang ist. Der Zusammenhang von Erziehung und Sicherheit ist eng und offensichtlich. Den besten Schutz für Kinder bietet nicht die schulische Aufsichtspflicht, sondern die Erziehung durch die Eltern. Für die elterliche Erziehung gilt dabei wie für die Aufsichtspflicht der Schule: Nicht ein Höchstmaß an Kontrolle und Verboten bietet größtmögliche Sicherheit, sondern das richtige Verhältnis von Verboten und Geboten auf der einen Seite sowie der Erziehung zur Selbstständigkeit und wichtigen Bildungszielen auf der anderen Seite. Eltern, die den Willen ihres Kindes über alles stellen, können nicht gleichzeitig die Gewährleistung seiner Sicherheit einfordern.

EINVERSTÄNDNISERKLÄRUNG DER ELTERN

Unternehmungen mit besonderen Gefahren oder Anforderungen setzen nicht nur eine grundsätzliche Einverständniserklärung der Eltern voraus, sondern erfordern zudem schriftliche Auskünfte der Eltern zu sicherheitsrelevanten Fragen wie gesundheitlichen Einschränkungen oder sportlichen Fähigkeiten. Lehrer dürfen solche

Erklärungen nicht als formale Absicherung betrachten, und Eltern sollten sich der Bedeutung einer zutreffenden und umfangreichen Information der Lehrer bewusst sein. Eine Erklärung wie: »Meine Tochter ist eine gute Skiläuferin, lassen Sie sie ruhig auch abseits der Pisten fahren« befreit Lehrer nicht von der Befolgung der Regeln zur Sicherheit bei Skifreizeiten.

Generell gilt: Eltern können Lehrern weder für die Erfüllung ihrer Aufsichtspflicht Weisungen erteilen noch sie von der Aufsichtspflicht befreien.

Eine Lehrerin forderte von allen Eltern eine schriftliche Bestätigung der Schwimmfähigkeit ihrer Kinder, da sie mit den Schülern während eines Ausflugs schwimmen gehen wollte. Eine Schülerin fälschte die Erklärung und ertrank.

Die Lehrerin wurde wegen fahrlässiger Tötung zu einer Geldstrafe verurteilt, da sie die unbewachte und gefährliche Badestelle nicht als Ziel hätte aussuchen dürfen. Sie war jedoch nicht verpflichtet, die Echtheit der Unterschrift zu prüfen, da es keine Hinweise auf eine Fälschung gegeben hatte. Sie hätte aber nicht vage nach der Schwimmfähigkeit fragen dürfen, sondern konkreter nach einer bestimmten Qualifikation wie einem Schwimmabzeichen fragen müssen (OLG Köln, Az.: Ss 301/85).

Eine gute gegenseitige Information der Lehrer und Eltern setzt eine möglichst eindeutige Fragestellung voraus. »Kann Ihr Kind schwimmen?« oder »Kann Ihr Kind Schlittschuhlaufen/Fahrrad fahren?« sind weit interpretierbare Fragen. Die Schwimmfähigkeit wird nicht zuletzt wegen dieses Urteils seit langer Zeit in Vorschriften genau definiert, zum Beispiel, indem der Schüler nachweisen kann, dass er im Besitz des Deutschen Jugendschwimmabzeichens in Bronze ist. Die Fähigkeiten beim Schlittschuhlaufen, Skifahren oder Fahrradfahren sind hingegen in Vorschriften nicht genau definiert und auch schwer exakt festzulegen, da es häufig keine allgemein anerkannten

Abzeichen gibt. Es kommt daher umso mehr auf eine klare Fragestellung der Lehrer und eine möglichst präzise Antwort der Eltern an. Die Erziehungsberechtigten sollten also klar und konkret antworten, zum Beispiel: »Mein Kind fährt regelmäßig zu Hause Fahrrad« oder »Mein Kind fährt nur im Urlaub Fahrrad«. Ist die Fragestellung der Lehrer zu vage, können Eltern um eine Präzisierung bitten.

Einer guten Zusammenarbeit entspricht eine niedrige Schwelle für Nachfragen der Eltern, wenn sie eine Information durch die Schule verpasst, vergessen oder nicht erhalten haben. »Ist denn in diesem Jahr kein Ausflug geplant?« oder »Morgen soll meine Tochter nur mit Sportkleidung kommen. Findet ein Sportfest statt?« sind kein Beweis für Unaufmerksamkeit, Vergesslichkeit oder die Unzuverlässigkeit des Kindes und schon gar keine Kritik, sondern entsprechen der gemeinsamen Verantwortung für die Sicherheit der Schüler. Zu viele Informationen können schlimmstenfalls Zeit und Nerven kosten, zu wenig Informationen können nicht nur den Bildungserfolg, sondern sogar die Gesundheit und das Leben der Schüler gefährden.

VORSCHRIFTEN

In der Schule gibt es Gefahren, die im Privaten nicht oder nur sehr selten existieren. Das sind zum einen solche, die durch das unfreiwillige Zusammenleben einer großen Zahl von Kindern und Jugendlichen auf engem Raum entstehen, zum anderen durch besondere schulische Aktivitäten wie naturwissenschaftlichen oder technischen Unterricht. Zur Sicherheit in Unterrichtsfächern, die mit besonderen Gefahren verbunden sind, wie Sport, Schwimmen, Naturwissenschaften und Technik, existieren sehr detaillierte Vorschriften der Länder. In Notfällen werden die Anforderungen an Lehrer, die gefahrgeneigte Fächer wie Sport unterrichten, von ihrer Ausbildung und ihrer Schulung in Erster Hilfe geprägt.

Wenige Minuten nach Beginn des Aufwärmtrainings im Sportunterricht hörte ein Schüler zu laufen auf und brach kurz darauf zusammen. Bis zum Eintreffen des Notarztes versuchte die Sportlehrerin nicht, den Schüler zu reanimieren. Der Schüler erlitt einen irreversiblen Hirnschaden. Er forderte Schadensersatz wegen der unterlassenen Reanimation.

Sportlehrer sind verpflichtet, rechtzeitig eine erforderliche und zumutbare Erste Hilfe zu leisten. Sie sind aber nicht mit Ärzten oder Badeaufsichten in Schwimmbädern zu vergleichen, deren Kernpflichten dem Schutz von Leben und Gesundheit dienen und für die daher eine Umkehr der Beweislast gilt: Nicht der Geschädigte muss beweisen, dass ein Fehler des Arztes oder der Badeaufsicht die Ursache für den Schaden war, sondern der Arzt oder die Badeaufsicht müssen beweisen, dass ihr Verhalten nicht die Ursache des Schadens war. Derart strenge Anforderungen gelten für Sportlehrer nicht, da es nicht ihre Hauptaufgabe ist, bei Notsituationen im Sportunterricht Erste Hilfe zu leisten, sondern sie das nur »auch«, also als Nebenpflicht tun müssen. Andererseits können Sportlehrer sich nicht darauf berufen, eine Haftung sei nur bei grober Fahrlässigkeit möglich, da das Bürgerliche Gesetzbuch eine Haftung für einfache Fahrlässigkeit ausschließt, wenn jemand in einer Notsituation spontan Hilfe leistet (Paragraf 680 BGB). Sportlehrer können sich auf diese Haftungseinschränkung nicht berufen. Sie leisten nicht als unbeteiligte Person spontan Hilfe, sondern erfüllen mit der Hilfeleistung eine Dienstpflicht. Die Lehrerin hat ihre Hilfeleistungspflicht verletzt, und es muss durch ein Sachverständigengutachten festgestellt werden, ob der Schaden des Schülers durch eine Reanimation hätte verhindert oder vermindert werden können (BGH, Az.: III ZR 35/18).

Für Schüler, Eltern und Lehrer, die keine gefahrgeneigten Fächer unterrichten, gilt das Haftungsprivileg bei einer spontanen Hilfeleistung für andere Schüler. Leisten sie einem Schüler in einer Notsituation spontan Hilfe, ist eine Haftung für fahrlässige Fehler ausgeschlossen.

Die Aufsichtspflicht ist abgesehen von bestimmten Fächern und Aktivitäten wie sportlichen Unternehmungen bei Ausflügen und Fahrten nur vage oder gar nicht geregelt. Es gelten dann die allgemeinen Grundsätze der Aufsichtspflicht. Die Schüler dürfen sich nicht unbeaufsichtigt fühlen, und Lehrer sind zur Abwehr von Gefahren durch aktives Handeln verpflichtet. Detaillierte Vorgaben würden hier nicht zu einer faktischen Verminderung der Gefahren und einer Erhöhung der Handlungssicherheit führen, sondern es schwierig machen, im Einzelfall einer Gefahr effektiv zu begegnen.

Ein Schulleiter legte die Zahl der Begleitpersonen bei Exkursionen folgendermaßen fest: Bei Gruppen bis zu 20 Schülern, die mindestens 13 Jahre alt sind, reicht eine Begleitperson, bei größeren Gruppen und jüngeren Schülern sind zwei Begleitpersonen nötig. Als Begleitpersonen wurden nur Eltern zugelassen.

Die Entscheidung des Schulleiters berücksichtigte mit der Gruppengröße und dem Alter der Schüler zwei wichtige Faktoren für die Festlegung der Anzahl der Begleitpersonen. Sie ignorierte aber ebenso wichtige oder sogar wichtigere Entscheidungsgrundlagen, zu denen das zu erwartende Verhalten der Schüler, die Gefährlichkeit der Unternehmung sowie die Erfahrung und Autorität der begleitenden Lehrer gehören.

Der Schulleiter hat – wissentlich oder unwissentlich – nur Eltern als Begleitpersonen zugelassen. Die Möglichkeit, Begleitpersonen einzusetzen, ist aber keineswegs auf Eltern begrenzt, sondern erstreckt sich auf alle geeigneten Personen wie Verwandte und Bekannte der Schüler oder Lehrer und ältere Schüler. Die Klarheit der Entscheidung des Schulleiters führte zu unsachgemäßen und rechtlich unnötigen Einschränkungen der Handlungsspielräume der Lehrer, die nur Eltern als Begleitpersonen mitnehmen dürfen, und reduzierte in bestimmten Situationen nicht die Gefahren, sondern schuf oder erhöhte eine Gefahrenlage, da eine Begleitperson bei einer Gruppe von 20 Schülern und zwei bei einer größeren Gruppe je nach Unternehmung oder Verantwortungsbewusstsein der Schüler nicht ausreichend sein können. Die Elterngremien und die Lehrerkonferenz hätten den Schulleiter beraten sollen, eine Leitlinie vorzugeben (»in der Regel eine Begleitperson«, »Eltern und andere geeignete Personen«) und keine ausnahmslos gültige Entscheidung zu treffen. Ein ausreichender Spielraum bei Einzelfallentscheidungen dient der Sicherheit der Schüler.

SCHUL- UND UNTERRICHTSWEGE

Kinder und Jugendliche befinden sich rechtlich niemals in einem aufsichtsfreien Bereich, sondern unterliegen immer entweder der elterlichen oder der schulischen Aufsichtspflicht. Die Eltern können und müssen ihre Kinder in der Schule nicht beaufsichtigen. Die Aufsichtspflicht der Schule beruht nicht auf einer Beauftragung durch die Eltern, sondern ist Teil des gesetzlichen Auftrags der Schulen.

Auf Schulwegen haben Eltern die Aufsichtspflicht, auf Unterrichtswegen, also den Wegen zwischen zwei Schulveranstaltungen, zum Beispiel vom Schulgebäude zum Sportplatz oder zu einem Schwimmbad, ist die Schule für die Aufsicht verantwortlich. Die Anfahrt zum Ort einer Schulveranstaltung kann je nach Gefahrenlage und ausdrücklicher Erklärung durch die Schule in den Aufsichtsbereich der Eltern oder der Schule fallen.

Um 9:00 Uhr sollten Schüler einer 10. Klasse am Museum in der Nachbarstadt sein. Die Schulveranstaltung beginne und ende dort, hatte die Lehrerin erklärt. Eltern forderten die Abfahrt von der Schule, da die eigenständige Anfahrt zu gefährlich sei, kein Versicherungsschutz bestehe und die Kosten zu hoch seien.

Versicherungsschutz besteht in solchen Fällen, da es sich nicht um eine private Fahrt, sondern um die Anfahrt zu einer Schulveranstaltung handelt. Die Kosten sind von den Eltern zu tragen, da sie zur Ausstattung für den Schulbesuch zählen. Die Lehrer sind aber verpflichtet, die Kosten so gering wie möglich zu halten. Die Anmietung eines Busses wäre vermutlich zu teuer, eine gemeinsame Anfahrt mit öffentlichen Verkehrsmitteln könnte jedoch preiswerter sein als die individuelle Anfahrt.

Handelte es sich um eine Grundschulklasse oder eine Jahrgangsstufe der Sekundarstufe II, gäbe es im Hinblick auf die Aufsichtspflicht eindeutige Lösungen: ein Verbot, eine Schulveranstaltung außerhalb der Schule beginnen zu lassen, für die Grundschule, in der Schulveranstaltungen nach den Vorschriften der Länder jeweils an der Schule beginnen und enden müssen, und eine Erlaubnis für die Sekundarstufe II, in der die Anfahrt zu einem Museum in der Nachbarstadt keine besondere Gefahrenlage darstellt.

Bei einer 10. Klasse hängt die Gefahrenlage von der Entfernung zum Museum, dessen Lage und Erreichbarkeit sowie der Vertrautheit der Schüler mit der Nachbarstadt ab. Für 16-jährige Schüler dürfte es kein Problem darstellen, ein im Zentrum einer nahegelegenen Nachbarstadt befindliches Museum mit öffentlichen Verkehrsmitteln zu erreichen. Die Eltern sollten sich die Frage stellen, ob sie ihren Kindern gestatten würden, zu einem Treffen mit Freunden oder einem Kinobesuch in die Nachbarstadt zu fahren. Fällt die Antwort, wie zu erwarten, positiv aus, lässt sich eine Gefahrenlage, die eine durch die Schule beaufsichtigte Anreise zwingend erforderte, nicht mehr begründen.

Bei einem geringeren Alter der Schüler, einer größeren Entfernung zum Museum oder einer sehr ungünstigen Verkehrsanbindung sollten sich Lehrer kritisch fragen (oder von Eltern gefragt werden), ob persönliche Vorteile des Lehrers oder pädagogische Gründe und die Interessen der Eltern und Schüler entscheidend waren. War die schnelle und bequeme An- und Abfahrt des Lehrers mit dem eigenen Pkw eventuell ausschlaggebend für die Forderung einer eigenständigen Anreise oder war es der Wunsch, auf dem Weg zum Museum wohnenden Schülern unnötige Wege zu ersparen, die Gefahren einer Anreise in einer großen Schülergruppe mit nur einer Aufsichtsperson zu vermeiden sowie den zu Unterrichtsausfall führenden Einsatz einer zweiten Aufsichtsperson, die nur für die Hin- und Rückfahrt benötigt würde, und die erheblichen Kosten eines Bustransports zu vermeiden?

GEFAHREN UND PÄDAGOGISCHE ZIELE

Es ist die Pflicht der Lehrer, die Schüler bei schulischen Veranstaltungen vor Gefahren zu bewahren. Die Gefahren sind abzuwägen gegen die Erziehung der Schüler zur Selbstständigkeit sowie pädagogische Ziele, die sich nicht anstreben ließen, ohne bestimmte Gefahren in Kauf zu nehmen. Stünde ausschließlich die Gefahrenabwehr im Vordergrund, gäbe es weder Klettergerüste auf Schulhöfen noch Skifreizeiten.

> *Während einer Klassenfahrt hatten Schüler eine dreistündige Freizeit. Die Aufsicht führende Lehrerin und ihr Kollege setzten sich in ein Café und besuchten ein Museum.*

Lehrer können persönliche Vorteile immer unbedenklich offenlegen, wenn die Grundlage ihrer Entscheidung nicht das persönliche Interesse, sondern die Erfüllung ihrer Dienstpflichten ist und sich das persönliche Interesse ohne Weiteres mit der Pflichterfüllung vereinbaren lässt. Haben Schüler während einer Klassenfahrt programmgemäß Freizeit, gegen die keine Sicherheitsgesichtspunkte sprechen, dürfen Lehrer, deren Erreichbarkeit gesichert ist, sich selbstverständlich in ein Café setzen und ein Museum besuchen.

Anders war das Verhalten zweier Lehrerinnen zu beurteilen, die mit einer Klasse ein Hallenbad besuchten, sich in das Café außerhalb der Schwimmhalle setzten und erklärten, das diene der Erziehung der Schüler zur Selbstständigkeit und Eigenverantwortung. Die wahren Motive des Handelns bleiben selten unentdeckt, da ein unzulässiges persönliches Interesse am Verhalten und der Überzeugungskraft der Begründung abzulesen ist.

AUSFLÜGE

Eltern streben ein hohes Maß an Sicherheit für ihre Kinder an und können doch gelegentlich zur Entstehung oder Erhöhung von Gefahren beitragen.

> *Für einen Ausflug am Ende des Schuljahrs schlugen die Eltern in einer Elternversammlung der Klassenlehrerin Schlittschuhlaufen oder den Besuch einer Kletterhalle vor. Die Klassenlehrerin bevorzugte den Besuch eines Freizeitparks mit Picknick.*

Die Eltern wollten sportliche Aktivität und Erlebnischarakter miteinander verbinden, die Klassenlehrerin dem Bedürfnis nach Unterhaltung und zwanglosem Gemeinschaftserlebnis gerecht werden. Pädagogisch legen beide Vorschläge die Frage nahe, ob eine Schulveranstaltung nicht auch ein Gegenentwurf zu den Angeboten der Unterhaltungs- und Sportindustrie sein könnte. Die Elternversammlung konnte die Klassenlehrerin nicht zur Durchführung der mehrheitlich gewünschten Veranstaltungen zwingen, und die Lehrerin konnte sich nicht durchsetzen, da die Schulleitung eine außerunterrichtliche Veranstaltung, die dem erklärten Willen der Mehrheit der Eltern widersprach, nicht genehmigte. Ist keine Einigung der Eltern und der Lehrerin im Hinblick auf diese oder weitere Vorschläge möglich, findet kein Ausflug statt.

Der Wunsch, den Kindern ein besonderes Erlebnis zu bieten, und das Motto »Es wird schon nichts passieren« dürfen nicht zur Vernachlässigung der rechtlichen Rahmenbedingungen führen. Die Vorgaben für sportliche Aktivitäten bei außerunterrichtlichen Veranstaltungen sind in den Bundesländern laufend erweitert und verschärft worden. Zu den typischen Anforderungen beim Schlittschuhlaufen und Klettern gehören angemessene Kleidung, Helm, Handschuhe, Knieschoner und geeignete Schuhe. Hinweise der Lehrer auf nicht oder nur mit großem Aufwand zu erfüllende Vorschriften sollten Eltern nicht als Ausreden, sondern als sinnvolle Unfallvermeidungsmaßnahmen wahrnehmen, die im Interesse der Schüler nicht relativiert werden dürfen.

Werden bei einem Ausflug kommerzielle Angebote oder Vereinseinrichtungen genutzt, führt neben den Lehrern auch das Personal des Veranstalters die Aufsicht. Die Lehrer sind verantwortlich für die Auswahl geeigneter Personen und Vertragspartner. Sie müssen das Vorliegen von Bescheinigungen, Zertifikaten und Verbandsmitgliedschaften sowie den ausreichenden Versicherungsschutz prüfen und auf vertraglichen Zusicherungen bestehen. Das Personal des Veranstalters ist von den Lehrern über Besonderheiten der Gruppe und einzelner Schüler zu informieren. Die Lehrer führen die Aufsicht bei allen Aktivitäten, die keine besonderen Fachkenntnisse erfordern, teilen Gruppen ein und achten auf die Befolgung der Weisungen des Fachpersonals. Ist ein Veranstaltungsort wie ein Spaßbad, eine Eislaufhalle oder eine Kletterhalle gefährlich, da sich zur selben Zeit mehrere Gruppen und Einzelpersonen auf engem Raum aufhalten, die räumliche Gestaltung unübersichtlich ist und großer Lärm herrscht, sollten die Eltern sich im Vorfeld erkundigen, ob die Lehrer mit den Örtlichkeiten vertraut sind.

Die Zusammenarbeit mit professionellen Veranstaltern erweitert die Palette schulischer Veranstaltungen, befreit Lehrer aber nicht von ihrer Aufsichtspflicht und fordert Eltern heraus, durch Beschlüsse in der Elternversammlung zur Wahl qualitativ hochwertiger, den Bildungszielen entsprechender und der Sicherheit ihrer Kinder dienender Veranstaltungen beizutragen.

ÄRZTLICHE BEHANDLUNG

Nachdem ein Schüler eine Mitschülerin durch einen Stich ins Auge verletzt hatte, informierte die Lehrerin die Eltern, die ihre Tochter abholten und zum Augenarzt brachten. Der Augenarzt wies die Schülerin in eine Klinik ein. Eine Erblindung war trotz Operation nicht zu verhindern. Die Eltern warfen der Lehrerin vor, nicht sofort einen Krankenwagen gerufen und die Schülerin in eine Augenklinik gebracht zu haben.

Nicht schon dann, wenn sich eine Entscheidung im Nachhinein als falsch erweist, sondern nur, wenn bereits in der Entscheidungssituation erkennbar war, dass sie falsch war, können Eltern und Lehrer für eine Fehlentscheidung verantwortlich gemacht werden. Die berechtigte Frage der Eltern: »Wie hätten wir das wissen können?« dürfen demnach mit derselben Berechtigung auch Lehrer stellen. Die Lehrerin verfügte über keine Informationen, die den Eltern nicht bekannt waren (LG Neubrandenburg, Az.: 4 O 209/09).

Erfordert ein Unfall in der Schule eine ambulante oder stationäre ärztliche Behandlung, entscheiden grundsätzlich die Eltern, ob sie ihr Kind abholen und selbst zum Arzt bringen oder den vorgeschlagenen schulischen Maßnahmen wie der Anforderung eines Krankenwagens zustimmen. Kann die Entscheidung der Eltern jedoch nicht abgewartet werden, bestimmen die Lehrer, was zu geschehen hat, und informieren im Anschluss die Eltern so schnell wie möglich.

BENACHRICHTIGUNG BEI KRANKHEIT

Eltern können von ihrem Entscheidungsrecht nur Gebrauch machen, wenn die Schule sie erreichen kann. Die Bitte, eine oder mehrere Telefonnummern mitzuteilen, unter denen die Eltern oder von den Eltern beauftragte Personen erreichbar sind, dient der Wahrung der Elternrechte. Die entlastende Wirkung für die Lehrer ist ein Nebeneffekt. Eltern, die der Schule zwar eine Telefonnummer mitteilen, Anrufe aber nicht entgegennehmen oder nicht erreichbar sind, verzichten auf die Wahrnehmung ihrer Rechte, verstoßen gegen ihre Pflichten ihrem Kind und der Schule gegenüber und überschätzen Art und Ausmaß der den Lehrern durch ihr Fehlverhalten auferlegten Pflichten.

> *Der zweimalige Versuch der Klassenlehrerin, die Eltern eines Schülers telefonisch aufzufordern, ihr Kind abzuholen, da es erbrochen hatte und sehr blass war, scheiterte. Die Eltern waren – wie auch häufig in der Vergangenheit – nicht erreichbar. Der Schüler legte sich im Sanitätsraum der Schule auf eine Liege, die Tür des Raums stand offen. Die Sekretärin schaute während der Unterrichtszeit und die Klassenlehrerin in den Pausen gelegentlich vorbei. Die Eltern beschwerten sich, die Klassenlehrerin hätte häufiger versuchen müssen, sie zu erreichen. Ihr krankes Kind sei allein gelassen worden, habe Angst gehabt und sich durch die offene Tür zur Schau gestellt gefühlt.*

Lehrer sind verpflichtet, die Eltern zu informieren, wenn ein Schüler gesundheitliche Probleme hat. Das gilt bei Grundschülern und Schülern der 5. und 6. Klasse bei allen Erkrankungen, die keine Bagatellen sind, und bei älteren Schülern, wenn ihnen nicht zugetraut werden kann, allein nach Hause zu gehen.

Scheitert die Information an den Eltern, hängt die Verpflichtung zur Wiederholung des Informationsversuchs unter anderem vom Ausmaß der Gefahr für den Schüler, von den Auswirkungen auf den Schulbetrieb – weder Lehrer noch Sekretärinnen können ihre dienstlichen Tätigkeiten immer wieder für Anrufe unterbrechen – und nicht zuletzt von der Erfolgswahrscheinlichkeit ab. Sind die Eltern normalerweise gut erreichbar, wäre es kaum begründbar, einen zweiten und dritten Versuch zu unterlassen, die bei erfahrungsgemäß kaum erreichbaren Eltern unnötig wären.

Die Aufsicht über den Schüler war gewährleistet, da die Tür offen stand und die gelegentlichen Kontrollen bei dem Schüler nicht das Gefühl aufkommen ließen, unbeaufsichtigt zu sein. Bei Erbrechen und Blässe besteht nicht in jedem Fall eine erhebliche Gefahr, die eine ununterbrochene Anwesenheit einer Aufsichtsperson erfordert. Zudem begrenzen die Möglichkeit und Zumutbarkeit einer Aufsicht die Aufsichtspflicht, da der Schulbetrieb, der Unterricht und die Aufsicht über andere Schüler gewährleistet bleiben müssen. Es wäre nicht nachvollziehbar, wenn an die Aufsicht durch die Schule wesentlich strengere Maßstäbe angelegt würden als an die Aufsicht durch die Eltern. Hütet ein Kind wegen akuter Übelkeit das Bett, werden Eltern es durchaus einmal aus den Augen lassen, durch eine geöffnete Tür Rufkontakt ermöglichen und gelegentlich in das Zimmer schauen, ohne darin eine Verletzung ihrer Elternpflichten zu sehen.

Können nicht nur die Sekretärin und die Klassenlehrerin, sondern auch andere Lehrer, der Hausmeister oder einzelne Schüler in den Raum sehen, liegt darin kein Zurschaustellen, sondern eine unvermeidbare Folge einer sinnvollen Sicherheitsmaßnahme oder sogar eine deutliche Verbesserung der Aufsichtssituation.

ABHOLUNG NACH UNTERRICHTSAUSSCHLUSS

Wegen seines aggressiven Verhaltens sollte ein Schüler vom Unterricht ausgeschlossen und von seinen Eltern abgeholt werden. Die Eltern waren jedoch telefonisch nicht erreichbar. Bei dem letzten Vorfall dieser Art hatten sie geäußert, die Lehrer hätten schließlich eine pädagogische Ausbildung und seien während der Schulzeit zuständig. Der Schüler wurde vom Unterricht seiner Klasse ausgeschlossen und saß während des Sportunterrichts einer anderen Klasse auf einer Bank in der Sporthalle. In einem unbeobachteten Moment lief er weg.

Keine Schule kann über mehrere Stunden bis zum Unterrichtsende eine Einzelaufsicht für einen Schüler stellen. Der Schüler durfte am Unterricht seiner Klasse nicht mehr teilnehmen und wurde während des Sportunterrichts einer anderen Klasse beaufsichtigt. Eine direkte Beobachtung des Schülers während jeder Unterrichtsphase war der Sportlehrerin nicht möglich. Die Schule hat ihre Aufsichtspflicht im Rahmen des Möglichen erfüllt, und die Eltern trugen durch die Verletzung ihrer Pflicht zur Zusammenarbeit mit der Schule und zur Übernahme der Aufsicht über ihr Kind nach einem Unterrichtsausschluss die Verantwortung für die sich aus dem unerlaubten Verlassen der Schule eventuell ergebenden Folgen.

Wäre der Schüler außerordentlich aggressiv und nicht mehr kontrollierbar gewesen, wäre die Schule berechtigt gewesen, einen Notarzt zu rufen, wenn der Schüler sich in einer psychischen Ausnahmesituation befunden hätte, oder die Polizei zu verständigen, wenn eine akute Gefährdung der körperlichen Unversehrtheit der Mitschüler oder Lehrer gedroht hätte.

UNTERLASSENE HILFELEISTUNG

Verletzen Lehrer ihre Aufsichtspflicht, stehen sie keineswegs mit einem Bein im Gefängnis, müssen bei gravierenden Folgen aber mit der Prüfung der Strafbarkeit ihres Handelns rechnen.

Auf dem Schulhof schubsten und schlugen sich mehrere Schüler. Ein Schüler klagte dem Lehrer gegenüber, der die Auseinandersetzung beendet hatte, über Schmerzen und war blass. Die Eltern holten ihr Kind ab. Der Schüler hätte wegen eines Milzrisses sofort ins Krankenhaus eingeliefert werden müssen. Er konnte nur durch eine Notoperation gerettet werden. Der Lehrer und der Schulleiter wurden von den Eltern wegen unterlassener Hilfeleistung angezeigt.

Eltern sollten sich, bevor sie den schweren Vorwurf der unterlassenen Hilfeleistung erheben, die Frage stellen, ob sie tatsächlich davon ausgehen, dass ein Lehrer die Gefahr klar erkannt und sich bewusst entschieden hat, keine Hilfe zu leisten, obwohl für ihn selbst keine nennenswerte Gefahr entstanden wäre und er keine anderen wichtigen Pflichten verletzt hätte.

Die unterlassene Hilfeleistung (Paragraf 323 c StGB) setzt einen Unglücksfall voraus, in dem jemand vorsätzlich keine Hilfe leistet, obwohl Hilfe erforderlich und zumutbar ist. Eine Hilfe ist vor allem dann nicht zumutbar, wenn der Helfende sich einer erheblichen eigenen Gefahr aussetzt oder andere wichtige Pflichten verletzen würde. Die Hilfe muss vorsätzlich unterlassen worden sein, eine fahrlässige unterlassene Hilfeleistung ist nicht strafbar. Vorsatz setzt die Kenntnis des Unglücksfalls voraus. Das Gericht sprach den Lehrer und den Schulleiter frei, da es ihnen – wie im Übrigen auch den Eltern – nicht möglich gewesen war, die Lebensgefahr zu erkennen (AG Saalfeld, Az.: 630 Js 23573/04).

ZUSAMMENFASSUNG: WAS ELTERN WISSEN SOLLTEN

- Die grundlegenden Anforderungen an eine gute elterliche und schulische Aufsicht sind sich sehr ähnlich.
- Eltern können Lehrern für die Erfüllung der Aufsichtspflicht keine Weisungen erteilen und sie nicht von der Erfüllung ihrer Aufsichtspflicht befreien.
- Die Eltern und die Schule sollten sicherheitsrelevante Erklärungen so konkret und eindeutig wie möglich formulieren.
- Ein ausreichender Beurteilungsspielraum der Lehrer für Einzelfallentscheidungen dient der Sicherheit der Schüler.
- Mit dem Ende der Aufsichtspflicht der Schule wechseln Kinder und Jugendliche in den Aufsichtsbereich der Eltern.
- Auf Schulwegen haben Eltern die Aufsichtspflicht, auf Unterrichtswegen die Lehrer.

- Gefahren für Schüler sind abzuwägen gegen die Erziehung zur Selbstständigkeit und andere pädagogische Ziele.
- Die Vorschriften für sportliche Aktivitäten bei Ausflügen und Klassenfahrten sind im Interesse der Sicherheit der Schüler genau zu beachten.
- Bei der Zusammenarbeit mit außerschulischen Veranstaltern sind die Lehrer für die Auswahl geeigneten Personals verantwortlich.
- Aus einem Schaden darf nicht auf die Verletzung der Aufsichtspflicht geschlossen werden.
- Für eine falsche Entscheidung sind Lehrer nicht verantwortlich, wenn eine Entscheidung sich im Nachhinein als falsch erweist, sondern nur, wenn das bereits in der Entscheidungssituation erkennbar war.
- Ob und wie oft Lehrer den Versuch unternehmen müssen, Eltern telefonisch zu erreichen, hängt vor allem vom Ausmaß der drohenden Gefahr und der Wahrscheinlichkeit ab, die Eltern erreichen zu können.
- Eine Aufsicht muss Lehrern möglich und zumutbar sein.
- Unterlassene Hilfeleistung liegt nur vor, wenn Lehrer die Gefahr klar erkannt haben und sich bewusst entschieden haben, eine mögliche und zumutbare Hilfe nicht zu leisten.

7 SCHADENSERSATZ

BESCHÄDIGTES SCHÜLEREIGENTUM

Ein Lehrer steckte ein Smartphone, das er einem Schüler im Unterricht abgenommen hatte, in die Gesäßtasche seiner Hose und beschädigte das Display, als er sich im Lehrerzimmer auf einen Stuhl setzte.

Wird ein konfisziertes Smartphone während der Aufbewahrung beschädigt oder gestohlen, hängt es von der Sorgfalt bei der Aufbewahrung ab, ob der Schüler, der Lehrer oder das Land den Schaden tragen muss:

- Der Schüler trägt das Risiko des Verlusts, wenn das Smartphone in einem verschlossenen Schrank oder Tresor im Sekretariat aufbewahrt und bei einem Einbruch gestohlen wird.
- Lässt der Lehrer das Mobiltelefon fallen, weil er von einem Schüler auf dem Flur heftig angerempelt wird, haftet der Schüler, der den Lehrer gestoßen hat, für den Schaden.
- Fällt dem Lehrer das Gerät versehentlich aus der Hand oder Tasche, haftet das Land für die leichte Fahrlässigkeit des Lehrers.

- Bei grober Fahrlässigkeit haftet das Land ebenfalls zunächst, kann aber vom Lehrer die Erstattung des geleisteten Schadensersatzes verlangen. Der Lehrer muss dann für den Schaden aufkommen, es sei denn, er hätte eine Diensthaftpflichtversicherung abgeschlossen, die bei grober Fahrlässigkeit leistet.

Ein Lehrer geht offensichtlich nicht sorgfältig mit dem Gerät um, wenn er es in die Gesäßtasche seiner Hose steckt und dann beim Hinsetzen das Display beschädigt (VG Kassel, Az.: 1 K 1797/15).

> *Mehrere kleine Kratzer befanden sich auf dem Display des vom Lehrer konfiszierten Smartphones, als ein Schüler es am Ende des Unterrichtstags im Sekretariat abholte. Der Schüler forderte Schadensersatz, da es die Kratzer bei der Wegnahme nicht gegeben habe.*

Kleine Kratzer gehören zu den normalen Gebrauchsspuren. Gibt es keine Hinweise auf eine unsachgemäße Behandlung des Geräts durch den Lehrer oder die Sekretärin, hat der Schüler keinen Anspruch auf Schadensersatz. Hätte das Display hingegen einen großen, deutlich sichtbaren Kratzer oder sogar einen Riss aufgewiesen, wäre es völlig unrealistisch anzunehmen, ein Lehrer würde ein deutlich sichtbar beschädigtes Gerät überhaupt entgegennehmen oder bei der Konfiszierung auf einen Hinweis auf die vorhandene Beschädigung verzichtet haben. Es wäre von einer Beschädigung während der Aufbewahrung auszugehen und das Land müsste dem Schüler den Schaden ersetzen.

GESTOHLENES SCHÜLEREIGENTUM

> *Das neue Smartphone eines Schülers wurde aus der vom Lehrer versehentlich während des Sportunterrichts nicht abgeschlossenen Umkleide gestohlen.*

Das Land musste dem Schüler den durch die Fahrlässigkeit des Lehrers entstandenen Schaden ersetzen. Die Höhe des Schadensersatzes entsprach jedoch nicht dem Anschaffungspreis des Mobiltelefons, sondern lag deutlich darunter. Der Schüler erhielt lediglich die Hälfte des Kaufpreises, da ihn ein Mitverschulden traf. Wertvolle Gegenstände können in einer Umkleide nicht sicher verwahrt werden, und es besteht keine Notwendigkeit, an Tagen mit Sportunterricht teure Smartphones mit zur Schule zu bringen (LG Hamburg, Az.: 303 O 39/14). Träfe den Schüler kein Mitverschulden, würde der Schadensersatz auf Grundlage des Zeitwerts eines durchschnittlichen Handys und nicht ausgehend vom Anschaffungspreis eines besonders teuren Mobiltelefons berechnet und läge auch dann wohl kaum über der Hälfte des Kaufpreises.

Sind Lehrer nicht ausnahmsweise wie im Sportunterricht verpflichtet, Räume abzuschließen, um Schülereigentum zu sichern, erhalten Schüler für Diebstähle im Schulalltag keinerlei Schadensersatz, da der Diebstahl nur von Mitschülern begangen worden sein kann und Lehrer Diebstähle unter Schülern nicht verhindern können.

RECHTSWIDRIGE SCHULISCHE ENTSCHEIDUNGEN

Können Eltern und Schüler für eine rechtswidrige Nichtversetzung, eine rechtswidrig nicht bestandene Prüfung oder die Verletzung von Lehrerpflichten Schadensersatz fordern? Die Hürden auf dem Weg zum Schadensersatz für rechtswidrige schulische Entscheidungen sind zahlreich und hoch.

Erste Hürde: Eltern und Schüler müssen den Schaden und dessen Höhe beweisen. Welcher Schaden entsteht in welcher Höhe durch eine Nichtversetzung? Wäre der Schüler in den Folgejahren immer versetzt worden? Was hätte er nach einem Schulabschluss getan? Grundlage für die Schadensfeststellung können nur wahrscheinliche Verläufe und keine Spekulationen sein.

Zweite Hürde: Die Lehrer müssen schuldhaft, also mindestens fahrlässig, rechtswidrig gehandelt haben. Es ist aber nicht jede rechtswidrige schulische Entscheidung automatisch eine schuldhaft rechtswidrige Entscheidung. Eine Amtspflichtverletzung liegt nur vor, wenn Lehrer Gesetze und Vorschriften oder eine eindeutige Rechtslage nicht beachtet haben. Gibt es mehrere Rechtsauffassungen, ändert ein Gericht seine Rechtsprechung oder handelt es sich um einen neuartigen Fall, kann Rechtswidrigkeit ohne Verschulden der Lehrer vorliegen.

Dritte Hürde: Die rechtswidrige Handlung der Schule muss die Ursache des Schadens sein.

Ein Lehrer kam deutlich zu spät zur Aufsicht auf den Schulhof. Eine Schülerin war auf dem Klettergerüst, das die Schüler während der Pausen benutzen durften, abgerutscht und hatte sich das Handgelenk gebrochen.

Die Ursache des Unfalls war nicht die Pflichtverletzung des Lehrers, seine Aufsicht deutlich verspätet angetreten zu haben, sondern ein Missgeschick, das der Lehrer nicht verursacht hat und auch bei ordnungsgemäßer Aufsichtführung nicht hätte verhindern können.

Vierte Hürde: Eltern und Schüler müssen ernsthaft versucht haben, den Schaden durch Rechtsmittel abzuwenden.

An den schlechten Noten in Mathematik und Physik auf dem Abschlusszeugnis scheiterte die Bewerbung eines Schülers um einen Ausbildungsplatz. Einen Widerspruch gegen die möglicherweise rechtswidrige Physiknote hatten die Eltern nicht eingelegt und die Widerspruchsfrist war abgelaufen. Die Eltern forderten Schadensersatz in Höhe des monatlichen Lehrlingsgehalts, bis ihr Kind einen anderen Ausbildungsplatz erhielte.

Eltern, die Schadensersatz verlangen, müssen im Vorfeld versucht haben, den Schaden durch ein Rechtsmittel wie einen Widerspruch oder eine Klage zu verhindern (Paragraf 839 Abs. 3 BGB). Niemand soll Ersatz für einen Schaden erhalten, den er hätte verhindern können. Haben Eltern und Schüler die Noten auf einem Abschlusszeugnis zunächst akzeptiert und die Widerspruchsfrist von einem Monat bei einem Zeugnis mit Rechtsbehelfsbelehrung verstreichen lassen, können sie wegen eines nicht erhaltenen Ausbildungsplatzes selbst dann keinen Schadensersatz fordern, wenn das Zeugnis rechtswidrig war und der Schüler mit einem rechtmäßigen Zeugnis den Ausbildungsplatz erhalten hätte.

Fünfte Hürde: Der Beurteilungsspielraum der Lehrer und Prüfer.

Ein Schüler wurde mehrfach vom Unterricht ausgeschlossen und am Ende des Schuljahrs nicht versetzt; er musste es wiederholen. Die mehrfachen Unterrichtsausschlüsse waren jedoch rechtswidrig, da die schulgesetzlich vorgeschriebene Anhörung unterlassen worden war. Die Eltern verklagten das Land auf Schadensersatz für die Wiederholung des Schuljahrs und die Kosten für Nachhilfeunterricht.

Bei den Unterrichtsausschlüssen hat die Schule tatsächlich gegen Verfahrensvorschriften verstoßen. Die Verletzung von Verfahrensvorschriften führt aber nicht zwangsläufig zu einem Schadensersatzanspruch.

- Die Vorschrift, gegen die verstoßen wurde, muss dem Schutz der Eltern und Schüler dienen (OLG Hamm, Az.: 11 U 97/98). Die Anhörung vor einer Ordnungsmaßnahme dient dem Schutz der Eltern und Schüler, die ihnen die Möglichkeit bietet, ihren Standpunkt darzulegen und den Entscheidungsprozess zu beeinflussen.
- Ein Anspruch auf Schadensersatz besteht nur, wenn die Schulleitung und die Lehrer vorsätzlich oder fahrlässig gehandelt haben. Das Verfahren bei Ordnungsmaßnahmen ist in Gesetzen und Vorschriften geregelt. Diese Regelungen nicht zu kennen, ist fahrlässig.

- Ein Schadensersatzanspruch der Eltern und Schüler scheitert trotz der Verstöße gegen Verfahrensvorschriften, wenn bei Beachtung der Verfahrensvorschriften möglicherweise dieselbe Entscheidung getroffen worden wäre. Die Eltern müssen also beweisen, dass eine rechtmäßige Entscheidung anders ausgefallen wäre als die rechtswidrige.

Die Maßnahmen der Schule im Fallbeispiel waren nicht inhaltlich rechtswidrig, sondern aufgrund von Verfahrensfehlern. Die Schulleitung und die Lehrer hätten auch bei Beachtung der Verfahrensregeln einen Unterrichtsausschluss beschließen können. Eine rechtmäßige Entscheidung hätte im Ergebnis demnach genauso ausfallen können wie die rechtswidrige. Die Rechtswidrigkeit ist nicht die Ursache des eingetretenen Schadens, und es besteht kein Anspruch auf Schadensersatz (OLG Hamm, Az.: 11 U 97/98). Ein Ursachenzusammenhang fehlt auch zwischen den Unterrichtsausschlüssen und der Wiederholung des Schuljahrs, da Schüler während eines Unterrichtsausschlusses die versäumten Unterrichtsinhalte selbstständig nacharbeiten müssen und versäumter Unterricht keineswegs zwangsläufig schlechte Leistungen bedingt.

Nachdem ein Verwaltungsgericht eine Prüfung für rechtswidrig erklärt und eine Wiederholung angeordnet hatte, die drei Monate später stattfand, forderten die Eltern Schadensersatz, da ihr Sohn sich erst mit einer Verzögerung von drei Monaten auf einen Ausbildungsplatz habe bewerben können.

Besteht ein Schüler zu Unrecht eine Prüfung nicht, muss er darlegen, er hätte ohne den zur Rechtswidrigkeit führenden Fehler die Prüfung mit Sicherheit bestanden (OLG Hamm, Az.: 11 U 104/16). Prüfer haben einen Bewertungsspielraum, durch den eine derartige Prognose in den meisten Fällen ausgeschlossen ist. Müssen Lehrer wegen eines Rechtsfehlers eine Prüfung neu bewerten oder wiederholen, können

Eltern und Schüler nicht sicher sein, ob die Prüfung bestanden wird, und daher den Zusammenhang zwischen der rechtswidrigen Entscheidung und dem Schaden nicht beweisen. Das Oberlandesgericht (OLG Hamm, Az.: 11 U 104/16) ordnete eine Wiederholungsprüfung an, daher schied ein Schadensersatzanspruch aus.

Ein Schüler wechselte von einer Förderschule für geistige Entwicklung in Bayern zu einer entsprechenden Einrichtung in Nordrhein-Westfalen. In dem Gutachten zur Feststellung des Förderbedarfs in Bayern war es als »ungeklärt« bezeichnet worden, ob die geistige Behinderung genuin oder durch die familiären Lebensumstände bedingt ist. Die Förderschule ist gesetzlich verpflichtet, in jedem Schuljahr das Fortbestehen des Förderbedarfs zu überprüfen. Die Förderschule erfüllte diese Verpflichtung in keinem Jahr des Schulbesuchs, obwohl der Schüler seine Unzufriedenheit mit seiner Unterforderung wiederholt zum Ausdruck brachte. Er verließ die Schule ohne Schulabschluss und erwarb auf dem Berufskolleg den Hauptschulabschluss als Klassenbester. Er strebte anschließend den mittleren Schulabschluss an. Er forderte Schadensersatz und Schmerzensgeld, da er bei einer Prüfung des Förderbedarfs und einem anschließenden Übergang auf eine andere Förderschule oder eine Regelschule den Hauptschulabschluss zwei Jahre früher hätte erwerben können.

Die Förderschule hätte das Fortbestehen des Förderbedarfs feststellen müssen, hat aber gegen ihre gesetzliche Verpflichtung, die den Lehrern bekannt war, verstoßen. Der Schüler hatte sich wiederholt mit Hinweisen auf seine Unterforderung an die Lehrer gewandt. Das rechtswidrige Handeln der Schule war ursächlich für den zwei Jahre zu spät erworbenen Schulabschluss, da in einem Gutachten festgestellt wurde, die Leistungsfähigkeit des Schülers habe sich nicht erst nach Verlassen der Förderschule entwickelt, sondern schon mindestens zwei Jahre früher vorgelegen. Der Schüler hat daher einen Anspruch auf Schadensersatz und Schmerzensgeld wegen eines schuldhaft rechtswidrigen Verhaltens der Lehrer (LG Köln, Az.: 5 O 182/16).

Schadensersatzprozesse wegen rechtswidriger schulischer Entscheidungen sind sehr selten, sehr aufwendig und nur in Ausnahmefällen erfolgreich. Eltern sollten sich in Zusammenarbeit mit den Lehrern darauf konzentrieren, fehlerhafte, für Schüler nachteilige Entscheidungen zu verhindern. Rechtzeitig und vorausschauend zu handeln entspricht den Interessen der Schüler weit mehr, als Nachteile ohne Schadensersatzanspruch zu erleiden oder – in sehr seltenen Fällen – einen Schadensersatzanspruch zu haben, der einen Schaden voraussetzt, den die Eltern und der Schüler sicherlich gerne verhindert hätten.

GELDVERLUST

Lehrer können nicht nur für einen durch die Verletzung ihrer Aufsichtspflicht entstandenen Körper- oder Sachschaden, sondern auch für einen Vermögensschaden haften, wenn sie beispielsweise das für einen Tagesausflug oder eine Klassenfahrt eingesammelte Geld verlieren.

> *Die Klassenlehrerin hatte von jedem Schüler 10 Euro für eine Exkursion eingesammelt und das Geld in einem Umschlag auf ihrem Platz im Lehrerzimmer liegen gelassen. Am Ende des Unterrichtstags war das Geld verschwunden.*

Das Land musste für den Verlust aufkommen und konnte von der Lehrerin die Erstattung des Betrags fordern. Ein Tisch im Lehrerzimmer ist offensichtlich kein sicherer Aufbewahrungsort für Geld in einem Umschlag. Auch die Aufbewahrung in einem nicht abschließbaren Zimmer in einer Jugendherberge hat ein Verwaltungsgericht

(VG Minden, Az.: 4 K 2543/88) als grob fahrlässig angesehen. Hätte die Lehrerin den Umschlag in ihr Fach gelegt, das dann während des Unterrichtstags aufgebrochen worden wäre, hätten die Schüler den Verlust tragen müssen, da es nicht fahrlässig ist, Geld während der allgemeinen Unterrichtszeit für kurze Zeit in einem verschlossenen Fach im Lehrerzimmer aufzubewahren. Wegen des Verlusts müsste entweder die Exkursion entfallen oder die Eltern erneut bezahlen.

ELTERN- UND SCHÜLERHAFTUNG

Eltern haften nur selten für Schäden, die ihre Kinder in der Schule anrichten, da sie nicht für ihre Kinder, sondern nur für die Verletzung ihrer Aufsichtspflicht haften, die sie aber in der Schule nicht wahrnehmen können. Zu den Ausnahmefällen, in denen eine Haftung der Eltern möglich ist, gehört das Ignorieren einer Aufforderung durch die Lehrer, das Mitbringen eines gefährlichen Gegenstands durch ihr Kind zu verhindern, mit dem das Kind dann einen Sachschaden verursacht.

Schüler haften für Sachschäden, die sie in der Schule anrichten, ab dem 7. Lebensjahr persönlich. Die gesetzliche Unfallversicherung tritt nur bei Personenschäden ein. Sind die Kinder über ihre Eltern privat haftpflichtversichert, übernimmt die Haftpflicht in der Regel den Schaden, es sei denn, er wurde vorsätzlich angerichtet.

> *Zwei Schranktüren und ein Fenster waren während einer Klassenfahrt beschädigt worden. Es ließ sich nicht feststellen, wer den Schaden verursacht hatte. Die Lehrer forderten von den Eltern aller teilnehmenden Schüler eine anteilige Übernahme des Schadens.*

Schüler haften nicht kollektiv für während einer Fahrt angerichtete Schäden. Sind wie im geschilderten Fall bei einer Klassenfahrt Schranktüren und Fenster beschädigt worden, darf dieser Schaden also nicht einfach auf alle teilnehmenden Schüler gleichmäßig verteilt werden. Lässt sich niemand eindeutig als Schadensverursacher identifizieren, bleibt die Jugendherberge auf dem Schaden sitzen.

In einer einstündigen Pause auf einer Klassenfahrt spielten fünf Schüler am Kicker. Am Ende der Pause stellte ein Lehrer eine erhebliche Beschädigung des Kickers fest. Keiner der Schüler gab die Beschädigung zu. Die Jugendherberge verlangte von einem der fünf Schüler den vollen Schadensersatz.

Kann der Schaden nur von einem oder mehreren Schülern einer Gruppe, die sich zum Zeitpunkt der Entstehung des Schadens am Ort der Beschädigung aufgehalten hat, verursacht worden sein, haften alle Gruppenmitglieder für den Schaden. Die Jugendherberge hat einen Anspruch auf vollen Schadensersatz gegen jedes einzelne Gruppenmitglied. Zahlt ein Gruppenmitglied, steht ihm ein anteiliger Ausgleich von jedem weiteren Gruppenmitglied zu. Das bedeutet, die Jugendherberge kann sich einen Schüler heraussuchen, der den gesamten Schaden bezahlen muss, und dieser Schüler kann im Anschluss von den anderen Schülern ihren Anteil fordern.

Bei einem Streit in der Pause trat ein Schüler mehrfach gegen die Schultasche eines Mitschülers. Sowohl die Tasche als auch das darin befindliche Smartphone wurden beschädigt.

Der tretende Schüler muss den von ihm verursachten Schaden ersetzen. Das wäre auch der Fall, wenn er lediglich fahrlässig gehandelt hätte, indem er etwa über die Tasche gestolpert wäre.

Scheuen die Eltern des geschädigten Schülers eine Auseinandersetzung mit den Eltern des Schadensverursachers, könnten sie auf die Idee kommen, Ansprüche wegen einer Aufsichtspflichtverletzung gegen das Land geltend zu machen. Eine Aufsichtspflichtverletzung dürfte allerdings nur in Ausnahmefällen vorliegen: In den Pausen ist eine unmittelbare Beaufsichtigung nicht möglich. Im Unterricht und in den beaufsichtigten Pausen konnten Lehrer die Gefahr für das Eigentum des Schülers nicht vorhersehen oder wegen der Schnelligkeit des Geschehens den Schaden nicht verhindern. Selbst bei einer fahrlässigen Aufsichtspflichtverletzung bestehen Ansprüche gegen das Land nur, wenn es unmöglich oder unzumutbar ist, Schadensersatz von dem Schüler, der den Schaden verursacht hat, zu erhalten (Paragraf 839 Abs. 1 Satz 2 BGB). Das kann beispielsweise der Fall sein, wenn der Schüler vermögenslos oder die Durchsetzung der Ansprüche außerordentlich aufwendig ist.

Eltern, die zunächst oder ausschließlich Schadensersatz von der Schule und nicht vom Schädiger fordern, schlagen nicht nur den rechtlich weit weniger erfolgversprechenden Weg ein, sie verstoßen auch gegen ihre eigenen Interessen. Schüler, die für einen angerichteten Schaden nicht selbst zur Verantwortung gezogen werden, sondern lernen, im Zweifelsfall sind immer die Lehrer verantwortlich und in der Schule gelten beim Schadensersatz andere Regeln als außerhalb der Schule, werden ihre Mitschüler nicht seltener, sondern häufiger schädigen.

ZUSAMMENFASSUNG: WAS ELTERN WISSEN SOLLTEN

- Wird ein konfisziertes Smartphone während der Aufbewahrung beschädigt oder gestohlen, hängt es von der Sorgfalt bei der Aufbewahrung ab, wer den Schaden tragen muss.
- Fordert ein Schüler Ersatz für einen Schaden an einem konfiszierten Smartphone, muss er den unbeschädigten Zustand bei der Wegnahme glaubhaft machen.
- Schadensersatz kann wegen eines Mitverschuldens oder des Zeitwerts gemindert werden.
- Für Diebstähle, die nur von Schülern begangen worden sein können, wird kein Schadensersatz geleistet.
- Schadensersatz für rechtswidrige schulische Entscheidungen gibt es nur in seltenen Ausnahmefällen.

- Wird Lehrern eingesammeltes Geld gestohlen, erhalten Eltern Schadensersatz, wenn das Geld nicht sicher aufbewahrt wurde.
- Eltern haften nicht für ihre Kinder, sondern nur für die Verletzung ihrer Aufsichtspflicht.
- Schüler haften für Sachschäden persönlich. Die private Haftpflichtversicherung tritt nicht für vorsätzlich verursachte Schäden ein.
- Bei Klassenfahrten oder in der Schule angerichtete Schäden dürfen nicht gleichmäßig auf alle teilnehmenden Schüler verteilt werden.
- Kann ein Schaden nur von bestimmten Schülern verursacht worden sein, haften alle Mitglieder dieser Gruppe.
- Bei einem Sachschaden haftet der Schüler, der den Schaden verursacht hat.

8 SCHULUNFÄLLE

Ob durch unglückliche Umstände, eigenes Verschulden oder die Schuld anderer, wenn Schüler in der Schule oder auf dem Schulweg einen Unfall erleiden, kommt die gesetzliche Unfallversicherung für die finanziellen Folgen auf. Sie übernimmt die Kosten einer ärztlichen Behandlung sowie einer Rehabilitation und zahlt im schlimmsten Fall eine Rente. Versichert sind Körperschäden und damit das größte persönliche Risiko. Eltern können ihre Kinder auf den Weg zur Schule in dem Bewusstsein eines umfangreichen Versicherungsschutzes schicken, sollten aber auch die Voraussetzungen und Grenzen des gesetzlichen Unfallversicherungsschutzes kennen, um Risiken einschätzen und vermeiden zu können.

VERSICHERUNGSSCHUTZ

Der Versicherungsschutz besteht im gesamten organisatorischen Verantwortungsbereich der Schule, also nicht nur im Unterricht und in Pausen, sondern auch bei Arbeitsgemeinschaften, Exkursionen, Klassenfahrten und Schulfesten. Eine Betreuung nach dem Unterrichtsende ist gesetzlich in den Versicherungsschutz einbezogen, es kommt daher nicht darauf an, ob sie von einem externen Träger wie der Caritas oder der Arbeiterwohlfahrt angeboten wird.

Das Alter und die besuchten Schulformen sind ebenfalls für das Bestehen des Versicherungsschutzes ohne Bedeutung. Versichert sind auch volljährige Schüler einer Berufsschule.

Für jüngere Schüler, vor allem Grundschüler, die noch einer Betreuung bedürfen, gelten besondere Regeln für den Schulweg. Als Schulweg gilt nicht nur der Weg zu Verwandten, den Eltern eines Freundes oder Nachbarn, die zeitweise anstelle der berufstätigen Eltern die Betreuung übernehmen, sondern auch der Weg von dort nach Hause, unabhängig von der Frage, wann er angetreten wird. Auch wenn das Kind nach der Schule sechs Stunden bei der Oma verbracht hat, ist es auf dem Weg von dort nach Hause versichert.

Weicht ein Schüler von seinem Schulweg ab, um einen anderen Schüler abzuholen, damit sie gemeinsam zur Schule gehen können, ist er auch auf dieser Abweichung vom Schulweg versichert. Holen Eltern mit dem Auto ein anderes Kind zu Hause ab, um es gemeinsam mit ihrem eigenen Kind zur Schule zu bringen, ist ihr Kind auf dem Umweg versichert.

Passiert ein Unfall auf dem Schulweg oder machen sich die Folgen eines Unfalls in der Schule erst zu Hause bemerkbar, sollten Eltern sofort die Schule informieren, damit die Schule den Unfall der Unfallkasse melden und den Eltern den zuständigen Durchgangsarzt nennen kann.

VERLETZUNG VON MITSCHÜLERN

Die gesetzliche Unfallversicherung bietet nicht nur Vorteile für Schüler, die verletzt werden, sondern sogar Vorteile für Schüler, die Mitschüler verletzen.

> *Ein Sturz und ein Armbruch waren die Folge, als sich mehrere Schüler gegenseitig im Treppenhaus der Schule schubsten.*

Der Schüler hat einen Schulunfall erlitten. Lässt sich nicht feststellen, welcher Mitschüler den Sturz verursacht hat, stellt das für den Verletzten kein Problem dar, da die gesetzliche Unfallversicherung in jedem Fall zahlt. Kann der Schüler, der den Unfall verursacht hat, ermittelt werden, muss er für den Personenschaden nicht aufkommen, da er diesen fahrlässig verursacht hat und Schüler für die fahrlässige Schädigung von Mitschülern, Lehrern und anderen Schulangehörigen nicht haften. So werden im Interesse des Schulfriedens Schadensersatzklagen von Schülern gegen Schüler verhindert. Klagen von Lehrern gegen Schüler und Schülern gegen Lehrer oder andere Schulangehörige sind ebenfalls ausgeschlossen.

Die gesetzliche Unfallversicherung zahlt an Verletzte auch kein Schmerzensgeld. Schmerzensgeldansprüche bestehen weder gegen andere Schulangehörige noch gegen die gesetzliche Unfallversicherung. Ein wichtiges Ziel der gesetzlichen Unfallversicherung, Gerichtsprozesse von Schülern, Lehrern und anderen Schulangehörigen gegeneinander zu verhindern, um den Schulfrieden zu fördern, würde verfehlt, wenn zwar Schadensersatzklagen verhindert, aber Schmerzensgeldklagen zugelassen würden.

Der Nachteil, auf Schmerzensgeldansprüche vollständig verzichten zu müssen, wird durch zwei erhebliche Vorteile für den Verletzten ausgeglichen: Er muss nicht feststellen, wer den Unfall verursacht hat, und die gesetzliche Unfallversicherung ist immer zahlungsfähig. Gäbe es diese Versicherung nicht, bliebe der Schüler auf seinem Schaden sitzen, wenn nicht festgestellt werden könnte, wer ihn verletzt hat, oder der Schuldige kein Geld hätte.

SCHULWEG

Auf dem Schulweg, der nicht der schulischen, sondern der elterlichen Aufsicht unterliegt, besteht Unfallversicherungsschutz, Schmerzensgeldansprüche sind aber nicht ausgeschlossen, da der Schulweg nicht zum Schulleben, in dem der Schulfrieden gesichert werden soll, gehört. Schmerzensgeldansprüche können bei einem Unfall auf dem Schulweg, den ein Mitschüler verursacht hat, nicht nur bei vorsätzlichem Handeln, sondern bei jeder Schädigung geltend gemacht werden.

Im Bus auf dem Weg zur Schule schubsten sich mehrere Schüler gegenseitig. Ein Schüler prallte dabei gegen eine Haltestange und brach sich das Handgelenk.

Es handelte sich um einen Unfall auf dem Schulweg und dem verletzten Schüler wurde der Schaden von der gesetzlichen Unfallversicherung erstattet. Obwohl der Schüler, der den Schüler gestoßen hatte, nicht vorsätzlich gehandelt hatte, konnte der verletzte Schüler von ihm Schmerzensgeld fordern.

RÜCKGRIFF DER UNFALLVERSICHERUNG

Bei einer Schneeballschlacht auf dem Schulweg erlitt ein Schüler eine schwere Augenverletzung.

Auf dem Schulweg sind Schüler gegen Unfälle versichert. Wie bei einem Unfall in der Schule kann die gesetzliche Unfallversicherung von einem Schüler, der Mitschüler grob fahrlässig oder gar vorsätzlich geschädigt hat, eine Erstattung ihrer Aufwendungen fordern. Grobe Fahrlässigkeit liegt nach Auffassung der Rechtsprechung bei Schülern angesichts der typischen Verhaltensweisen von Kindern und Jugendlichen nur selten vor, und es gibt daher nur sehr wenige Rückgriffe der gesetzlichen Unfallversicherung bei Schülern.

Fuchtelt ein Schüler mit einem ein Meter langen Lineal herum und verletzt einen Mitschüler am Auge (LG Ansbach, Az.: 2 O 1240/13) oder zieht er ihm einen Stuhl weg und verursacht erhebliche Prellungen und Blutergüsse (AG Hannover, Az.: 465 C 15083/14), bestehen weder Schadensersatzansprüche noch Schmerzensgeldansprüche des Verletzten, da Schüler für Fehlverhalten und Neckereien nach der Rechtsprechung des Bundesgerichtshofs nicht haften. Kindern und Jugendlichen fehlt nach Auffassung des Bundesgerichtshofs normalerweise der Wille, andere ernsthaft zu schädigen.

Schüler, die sich auf dem Schulweg mit Schneebällen bewerfen, handeln auch dann nicht grob fahrlässig, wenn ein Schüler eine schwere Augenverletzung erleidet, weil die schwere Verletzung nicht vorhersehbar war und der werfende Schüler nicht durch den Zustand des Schnees oder Steine im Schnee mit einer besonderen Gefahrenlage rechnen musste (BGH, Az.: VI ZR 212/07).

SCHMERZENSGELD

Vor dem Klassenraum rangelten zwei Schüler miteinander, als ein weiterer, nahezu 16 Jahre alter Schüler hinzukam und einem der beiden Schüler mehrmals gegen das rechte Bein trat. Der getretene Schüler erlitt einen Kreuzbandriss und verlangte Schadensersatz und Schmerzensgeld.

Ein Schmerzensgeld ist normalerweise bei Schulunfällen ausgeschlossen. Es kann aber gefordert werden, wenn der Täter vorsätzlich gehandelt hat. In jedem Fall muss der verletzte Schüler das Schmerzensgeld selbst einklagen. Der Vorsatz muss sich dann auf die Tat und die Folgen, die zumindest billigend in Kauf genommen werden müssen, beziehen. Im beschriebenen Fall wollte der Schüler den anderen treten. Nach Auffassung des Oberlandesgerichts (OLG Hamm, Az.: 9 U 29/14), das sich auf die Rechtsprechung des Bundesgerichtshofs stützte, fehlten ihm aber wegen seines Alters und »dem damit einhergehenden Übermut im Rahmen der Rauferei« die Vorstellung, eine erhebliche Verletzung verursachen zu können, und der Wille, diese Verletzung in Kauf zu nehmen.

Ein Versicherungsschutz für Täter ist angesichts des schulischen Erziehungsauftrags und der Sicherheit der Schüler in der Schule nicht unproblematisch. »Tritt ruhig zu, für die Folgen kommen andere auf« kann sicherlich nicht als Maxime einer guten Erziehung gelten und gefährdet die Sicherheit aller Schüler. Erzieherisch wird die Schule mit eigenen Maßnahmen bis hin zu Ordnungsmaßnahmen handeln. Trotzdem darf es finanziell keinen Freibrief durch die grundsätzliche Annahme, Kindern und Jugendlichen fehle in der Regel die Vorstellung, eine ernsthafte Verletzung zu verursachen und der Wille, diese in Kauf zu nehmen, geben.

So zutreffend die Auffassung des Bundesgerichtshofs im Normalfall ist, darf nicht übersehen werden, dass nach Beobachtungen vieler Lehrer und Eltern die Zahl der nicht normalen Fälle zunimmt und nur durch entschlossenes erzieherisches Handeln der Schule, Schadensersatz- und Schmerzensgeldforderungen der Eltern und Schüler sowie eine nicht zu wohlmeinende Rechtsprechung eingedämmt werden kann.

Von einem vorsätzlichen Handeln kann nicht nur ausgegangen werden, wenn der Täter seine Verletzungsabsicht vor der Tat geäußert hat (»Dem schlage ich die Zähne ein!«), sondern auch, wenn sich aus den Umständen der Tat die Verletzungsabsicht oder die Bereitschaft ergeben, eine Verletzung billigend in Kauf zu nehmen.

Ein Schüler erlitt eine Augenbogenfraktur, als ihm ein Mitschüler mit Wucht ins Gesicht schlug.

Der Faustschlag geschah vorsätzlich. Der Vorsatz muss auch hinsichtlich der Folgen gegeben sein. Eine genaue Vorstellung von der Art der Verletzung ist nicht erforderlich. Der Täter muss sich nicht vorgestellt haben, es könnte zu einer Augenbogenfraktur kommen, sondern es genügt die Vorstellung, der andere Schüler könne eine ernsthafte Gesichtsverletzung davongetragen. Wer einem anderen heftig mit der Faust ins Gesicht schlägt, will demjenigen eine erhebliche Verletzung zufügen oder nimmt sie zumindest billigend in Kauf (OLG Hamm, Az.: 20 U 159/05).

»Jetzt boxe ich dich erst recht, für das ›Hurensohn‹ wirst du sterben!«, drohte ein Schüler seinem 15-jährigen Mitschüler, nachdem er in einem Chat beleidigt worden war. Er fing den anderen Schüler auf dem Schulweg ab und verletzte ihn durch einen Kopfstoß schwer. Gegen die chronischen Kopfschmerzen, die diese Verletzung verursachte, muss das Opfer dauerhaft Schmerzmittel einnehmen.

Schadensersatz- und Schmerzensgeldansprüche können durch ein Mitverschulden reduziert werden. Das Landgericht hatte in diesem Fall das Schmerzensgeld und die Schadensersatzansprüche um 30 Prozent reduziert, da der Schüler den Täter im Vorfeld beleidigt hatte und nicht geflohen war oder versucht hatte, sich zu entschuldigen. Das Oberlandesgericht (OLG Hamm, Az.: 9 U 135/15) sprach dem verletzten Schüler hingegen 13.000 Euro Schmerzensgeld und Schadensersatz zu, ohne von einem Mitverschulden auszugehen, da der Täter eine feststehende Verletzungsabsicht hatte, an der auch eine Entschuldigung nichts geändert hätte, und weitere Schüler von dem Täter zum Tatort bestellt worden waren, sodass eine Flucht nicht infrage kam.

Selbst wenn das eigene Kind am Entstehen eines Konflikts nicht völlig unschuldig ist, sollten Eltern eine Klage auf Schadensersatz und Schmerzensgeld immer dann ernsthaft in Erwägung ziehen, wenn ein körperlicher Angriff völlig außer Verhältnis zum Anlass und Ausmaß des Konflikts steht.

Schadensersatz und Schmerzensgeld setzen nicht immer schwere Folgen einer Tat voraus, können sich aber bei geringfügigen Folgen als finanziell sinnlos erweisen.

Mit einem Besenstiel schlug ein Schüler einer 9. Klasse einem Schüler einer 6. Klasse bei einer Auseinandersetzung mehrfach heftig auf den Oberschenkel. Der Sechstklässler erlitt mehrere Prellungen. Er erhielt ein Schmerzensgeld von 250 Euro (AG München, Az.: 111 C 24091/14).

Die geringe Höhe des Schmerzensgeldes beruhte vor allem auf den nicht allzu gravierenden Verletzungen. Das Amtsgericht ging zudem davon aus, dem verletzten Schüler stehe kein höheres Schmerzensgeld als Genugtuung zu, da die beiden Schüler sich gegenseitig beleidigt hatten und der Täter und sein Vater sich bereit erklärt hatten, an einem von der Staatsanwaltschaft angeregten Täter-Opfer-Ausgleich teilzunehmen, während das Opfer und seine Mutter eine Beteiligung abgelehnt hatten. Der Täter hatte sowohl vor dem Straf- als auch vor dem Zivilgericht Reue gezeigt. Die Eltern des verletzten Schülers mussten einen Teil der Anwaltskosten selbst tragen. Das Schmerzensgeld reduzierte sich dadurch nahezu auf null.

Schüler sollen lernen, die Verantwortung für die Folgen ihres Handelns zu übernehmen, und zukünftige Opfer sollte es nicht geben. Beide Ziele werden durch ehrliche Reue des Täters und die Bereitschaft zur Wiedergutmachung mindestens ebenso gut oder besser als durch Strafanzeigen und Schmerzensgeldklagen erreicht.

SELBSTGEFÄHRDUNG

Gefahren für Schüler gehen keineswegs nur von anderen Schülern aus, sondern sie können sich auch selbst gefährden.

»Nur so steigt die Spannung«, äußerte ein 16-jähriger Schüler während einer Skifreizeit gegenüber zwei Mitschülern und stellte seine Skibindung absichtlich zu fest ein. Bei einem Sturz verletzte er sich schwer.

Der Unfallversicherungsschutz kann bei vorsätzlicher Eigenschädigung versagt werden, wenn der Schüler über die notwendige Einsichtsfähigkeit verfügt. Ein 16-jähriger Schüler kann die durch eine zu fest eingestellte Bindung beim Skilaufen entstehenden Gefahren ohne Weiteres erkennen. Die Unfallversicherung weigerte sich, für den Schaden aufzukommen, da die vorsätzlich falsche Einstellung der Bindung ursächlich für den Schaden war und der Schüler seinen Körperschaden billigend in Kauf genommen hatte. Nur wenige Schüler werden sich selbst einen Schaden zufügen wollen, es genügt aber schon, die eigene Verletzung, zum Beispiel aus übertriebenem Imponiergehabe nach dem Motto »Wenn es passiert, passiert es eben« in Kauf zu nehmen.

FAMILIENHAFTPFLICHTVERSICHERUNG

Die gesetzliche Unfallversicherung schützt nur bei Schulunfällen, also Unfällen, von denen Schulangehörige betroffen sind.

Während der Skifreizeit machte ein Schüler einen Fahrfehler und verletzte einen Wintersportler.

Die Lehrer haben ihre Aufsichtspflicht nicht verletzt, da der Fahrfehler nicht vorhersehbar war. Die gesetzliche Unfallversicherung kommt für den Körperschaden des Wintersportlers nicht auf, da er kein Schulangehöriger ist. Haben die Eltern des Schülers eine Familienhaftpflichtversicherung abgeschlossen, sind nicht nur die Eltern gegen eine Verletzung ihrer Aufsichtspflicht versichert, sondern auch ihr Kind gegen von ihm verursachte Schäden. Die private Haftpflichtversicherung käme daher für den Schaden auf. Haben Eltern keine Haftpflichtversicherung abgeschlossen, muss das Kind den Schaden bezahlen und die Ansprüche des verletzten Wintersportlers verjähren erst in 30 Jahren. In der Schule wie außerhalb der Schule gilt daher: Keine private Haftpflichtversicherung zu haben, ist sich selbst, den eigenen Kindern und anderen Menschen gegenüber verantwortungslos.

Wäre der Schüler bei dem Skiunfall selbst verletzt worden, wäre übrigens die gesetzliche Unfallversicherung für den Schaden aufgekommen, da es sich bei der Skifreizeit um eine Schulveranstaltung handelte.

PRIVATE AKTIVITÄTEN

Bei Klassen- und Studienfahrten sind nicht jede Aktivität und jeder Zeitraum gesetzlich unfallversichert. Bei einer Fahrt gibt es private Aktivitäten wie Schlafen, Essen, Trinken und den Toilettengang. Erleidet ein Schüler bei diesen Aktivitäten einen Unfall, besteht der gesetzliche Unfallversicherungsschutz nur, wenn sich eine typisch schulische Gefahr verwirklicht hat. Fällt ein Schüler nachts aus dem Bett und bricht sich den Arm, handelt es sich nur um einen Schulunfall, wenn Mitschüler ihn aus dem Bett »katapultiert« haben oder die Eigenart des Betts zu dem Unfall geführt hat.

Während einer Klassenfahrt hatten die Schüler vier Stunden Zeit, sich im Bereich der Innenstadt des Zielorts in kleinen Gruppen frei zu bewegen und zu tun, was sie wollten. Eine Schülerin stolperte dabei und brach sich den Fuß.

Dieser Unfall ist kein Schulunfall, da sich die Schülerin nicht mehr im organisatorischen Verantwortungsbereich der Schule befand. Freizeit ist keine Schulveranstaltung, sondern eine private Zeit, in der die Schüler frei entscheiden, was sie tun wollen.

Eltern, die in Kenntnis dieser Rechtslage erwägen, die Genehmigung zur Teilnahme ihres Kindes an der Freizeit zu verweigern, sollten sich fragen, ob sie ihr Kind privat gegen Unfälle versichert haben.

Ist das der Fall, besteht der private Unfallversicherungsschutz auch während der schulischen Freizeit. Ist das nicht der Fall, befindet sich das Kind in derselben Situation wie im privaten Bereich. Eine Verweigerung der Genehmigung kann daher nicht sinnvoll mit dem fehlenden Versicherungsschutz begründet werden, den die Eltern privat gesichert haben oder für überflüssig halten. Lediglich eine nach Auffassung der Eltern von der privaten Situation einer Unternehmung ihres Kindes mit Freunden deutlich abweichende Gefahrenlage, zum Beispiel durch besondere Gefahren des Ortes oder das zu erwartende Verhalten der Mitschüler, könnte eine Verweigerung der Genehmigung rechtfertigen.

Wird keine Freizeit eingeräumt, sondern Schüler entfernen sich unerlaubt, weil sie einkaufen gehen oder eine Diskothek besuchen wollen, verlassen sie den organisatorischen Verantwortungsbereich der Schule und verlieren daher ihren gesetzlichen Unfallversicherungsschutz. Eltern sollten ihre Kinder daher vor einer Klassen- oder Studienfahrt deutlich auf das strikte Verbot, sich eigenmächtig von der Gruppe zu entfernen, hinweisen und sie vor der Fehleinschätzung bewahren, die denkbar härteste Konsequenz sei die vorzeitige Rückfahrt. Tatsächlich ist es ein Unfall ohne Versicherungsschutz.

HAUSAUFGABEN

Hausaufgaben machen Schüler im privaten Bereich und sind daher nicht versichert. Werden die Hausaufgaben zu festgelegten Zeiten in der Schule unter Aufsicht angefertigt, handelt es sich um eine Schulveranstaltung, bei der Versicherungsschutz besteht. Geben Lehrer den Schülern im Unterricht Aufgaben auf, die außerhalb des Unterrichts erledigt werden müssen, können bei der Erledigung der Aufgaben der häusliche Bereich, in dem kein Versicherungsschutz besteht, und der versicherte, schulische Bereich anhand zweier Fragen eindeutig unterschieden werden: Wer (Lehrer oder Eltern und Schüler) entscheidet über das Wann und Wie der Aufgabenerledigung? Gibt es typische Gefahren durch Gruppensituationen, wie sie beispielsweise in einer Schulklasse entstehen? Trotz aller grundsätzlichen Klarheit gibt es gelegentlich Zweifelsfälle, die sogar eine Entscheidung des obersten deutschen Sozialgerichts erforderlich machen können.

Im Musikunterricht sollten die Schüler in Gruppen einen Werbeclip drehen. Auf Bitten einiger Schüler gestattete die Musiklehrerin ihnen, die Videoaufnahme nachmittags anzufertigen. Eine Gruppe ärgerte einen Mitschüler bei den nachmittäglichen Dreharbeiten. Als er die Gruppe verließ, verfolgte sie ihn und ein Schüler stieß den verfolgten Schüler, der auf den Kopf fiel und bleibende Schäden erlitt. Die gesetzliche Unfallversicherung lehnte es ab, für den Unfall aufzukommen, da Schüler bei Hausaufgaben nicht versichert sind.

Die den Schülern gestellte Aufgabe sollte eigentlich im Musikunterricht erledigt werden. Die Lehrerin hatte es einigen Schülern gestattet, das nachmittags zu tun, hatte aber die Gruppenzusammensetzung festgelegt, genaue Vorgaben für die Anfertigung gemacht und eine Leistungsbewertung angekündigt. Die Aufgabe unterschied sich damit in wesentlichen Merkmalen von einer Hausaufgabe: Hausaufgaben können Schüler zu Hause allein, mit Mitschülern, Eltern oder Nachhilfelehrern zu der Zeit und an dem Ort machen, den sie selbst bestimmen, und Hausaufgaben sind kein Teil der Leistungsbewertung. Es handelte sich demnach um eine Schulaufgabe, die außerhalb der Unterrichtszeit erledigt werden durfte. Das Risiko, geärgert und durch typisches Gruppenverhalten von Schülern geschädigt zu werden, ist ein typisches schulisches Risiko. Der Schüler war daher gesetzlich unfallversichert (BSG, Az.: B 2 U 8/16 R).

ELTERNUNFÄLLE

Im Gegensatz zu ihren Kindern sind Eltern nicht gesetzlich gegen Unfälle versichert, wenn sie ihre Kinder zur Schule bringen, an einem Elternabend teilnehmen oder zum Elternsprechtag gehen. Erleiden sie einen Unfall auf dem Schulgrundstück, können sie allenfalls Schadensersatz von der Kommune als Schulträger fordern, wenn der Zustand des Schulgrundstücks oder Schulgebäudes die Ursache des Unfalls war und sie selbst sich sorgfältig und vorsichtig verhalten haben.

> *Nach einem Elternabend stürzte eine Mutter auf einer Außentreppe des Schulgebäudes. Die Außenbeleuchtung des Schulgeländes war ausgefallen.*

Die Klage gegen die Kommune als Schulträger auf Schadensersatz und Schmerzensgeld wurde abgewiesen, da der Schulträger einerseits zwar für einen gefahrlosen Aufenthalt auf dem Schulgrundstück sorgen muss, andererseits die Eltern verpflichtet sind, sich auf für sie erkennbare Gefahren einzustellen. Die Schülermutter hätte sich angesichts der Dunkelheit vorsichtig bewegen müssen und es hätte nahegelegen, eine Handytaschenlampe einzuschalten (OLG Oldenburg, Az.: 4 U 1/18).

Hätte die Mutter nicht nur im Interesse ihres Kindes an dem Elternabend teilgenommen, sondern wäre auch im Interesse anderer Eltern und der Schule als Vorsitzende der Klassenelternvertretung tätig geworden, wäre sie gesetzlich versichert gewesen. Für ihren Schadensersatzanspruch wäre es ohne Bedeutung gewesen, ob sie sich vorsichtiger hätte verhalten müssen. Schmerzensgeld hätte sie auch dann nicht erhalten, da die gesetzliche Unfallversicherung kein Schmerzensgeld zahlt.

Eltern, die Ämter in Mitwirkungsgremien übernehmen, Klassen als Aufsichtspersonen auf Exkursionen begleiten, beim Schulfest helfen, im Unterricht, in Arbeitsgemeinschaften und als Lesemütter oder Leseväter oder in anderer Weise im Auftrag und Interesse der Schule tätig werden, sind gesetzlich unfallversichert.

FÖRDERVEREIN

Ein Förderverein ist keine schulische Einrichtung, sondern ein privatrechtlicher Verein. Eltern, die im Förderverein aktiv sind oder sogar zum Vorstand des Fördervereins gehören, sind nicht gesetzlich unfallversichert, da es sich um eine private Aktivität handelt. Gesetzlicher Versicherungsschutz besteht dagegen, wenn der Förderverein im organisatorischen Verantwortungsbereich der Schule tätig wird. Organisiert ein Förderverein in den Räumen der Schule unter wesentlicher Mitwirkung der Schulleitung eine Hausaufgabenhilfe, handelt es sich um eine Schulveranstaltung. Die Schüler sind bei der Teilnahme an der Hausaufgabenhilfe und auf dem Heimweg gesetzlich unfallversichert (BSG, Az.: 2 RU 79/90). Das gilt auch für Eltern, die bei der Hausaufgabenhilfe tätig werden, da es sich um eine Schulveranstaltung handelt.

ZUSAMMENFASSUNG: WAS ELTERN WISSEN SOLLTEN

- Schüler sind in der Schule und bei Schulveranstaltungen gegen Unfälle versichert.
- Verursachen Schüler einen Unfall von Mitschülern oder anderen Schulangehörigen, haften sie nicht für fahrlässiges Handeln.
- Schmerzensgeldansprüche können bei Schulunfällen nicht geltend gemacht werden, es sei denn, der Verursacher handelt vorsätzlich.
- Auf dem Schulweg besteht Versicherungsschutz und Schmerzensgeldansprüche sind nicht ausgeschlossen.

- Die gesetzliche Unfallversicherung kann von einem Schüler, der grob fahrlässig oder vorsätzlich gehandelt hat, eine Erstattung ihrer Aufwendungen fordern. Grobe Fahrlässigkeit liegt bei Schülern nach Auffassung der Rechtsprechung nur selten vor.
- Hat ein Schüler die Folgen seines Handelns beabsichtigt oder zumindest billigend in Kauf genommen, kann der geschädigte Schüler Schmerzensgeld verlangen.
- Schadensersatz und Schmerzensgeld können durch Mitverschulden reduziert werden.
- Der Unfallversicherungsschutz kann bei vorsätzlicher Eigenschädigung versagt werden.
- Die gesetzliche Unfallversicherung schützt nur bei Schulunfällen. Schädigen Schüler Personen, die nicht zur Schule gehören, haften sie persönlich. Eltern und Kinder brauchen daher eine private Haftpflichtversicherung.
- Bei privaten Aktivitäten oder einem eigenmächtigen Entfernen von der Gruppe besteht bei Klassenfahrten kein gesetzlicher Unfallversicherungsschutz.
- Machen Schüler Hausaufgaben, sind sie nicht unfallversichert. Erledigen sie Schulaufgaben außerhalb des Unterrichts, besteht jedoch Versicherungsschutz.
- Eltern sind nur gesetzlich unfallversichert, wenn sie nicht ausschließlich im Interesse ihres eigenen Kindes, sondern im Interesse und organisatorischen Verantwortungsbereich der Schule tätig werden.

9 BESCHWERDE, WIDERSPRUCH UND KLAGE

Die Erfolgsaussichten der Eltern vor Gericht werden erfahrungsgemäß sowohl von Eltern als auch von Lehrern überschätzt. Die Erfolgswahrscheinlichkeit liegt bei den veröffentlichten schulrechtlichen Gerichtsentscheidungen nach meinen langjährigen Beobachtungen deutlich unter 50 Prozent. Gerichte sind nicht grundsätzlich schulkritisch und elternfreundlich, aber auch nicht von vornherein elternkritisch und schulfreundlich. Ihre Kontrollmöglichkeiten sind wegen der weiten pädagogischen Handlungsspielräume begrenzt. Gerichte können keine pädagogischen Entscheidungen treffen, sondern nur die Rechtmäßigkeit getroffener Entscheidungen prüfen. Eltern, die sich eine bessere oder einfach eine für ihr Kind günstigere Entscheidung wünschen, können demnach vor Gericht nur Erfolg haben, wenn sie die Rechtmäßigkeit einer Entscheidung mit juristischen Mitteln infrage stellen. Bei vielen schulischen Konflikten führt zudem kein Weg vor Gericht, da Eltern nicht gegen alle schulischen Entscheidungen klagen können.

In der Schule und bei der Schulaufsicht zählen nicht ausschließlich juristische, sondern auch pädagogische Argumente. Es entspricht nicht nur der vertrauensvollen Zusammenarbeit, sondern auch einer realistischen Einschätzung der Erfolgsaussichten, zuallererst das Gespräch mit den Lehrern und der Schulleitung zu suchen und über Widerspruch und Klage nur in gravierenden Fällen nachzudenken.

Bei Konflikten zwischen Eltern und Lehrern stellen gefühlsbetonte pauschale Behauptungen (»Sie können mein Kind nicht leiden«) und schwere juristische Geschütze (»Dann verklagen wir Sie!«) eine toxische Mischung dar. Für eine Problemlösung ist die genaue Feststellung der Tatsachen unabdingbare Voraussetzung. Stehen die Tatsachen fest, müssen Rechtsprobleme, pädagogische Probleme und zwischenmenschliche Probleme voneinander getrennt und separat behandelt werden, da von der Art des Problems abhängt, welche Tatsachen wichtig und welche Argumente zulässig sind. Die Wahrscheinlichkeit, eine eindeutige und tragfähige Lösung zu finden, ist je nach Art des Problems sehr unterschiedlich und bei Rechtsproblemen am größten.

Die Rechtslage ist für Eltern und Lehrer gleichermaßen verbindlich. Bei pädagogischen Fragen haben die Lehrer das Letztentscheidungsrecht und bei zwischenmenschlichen Problemen hängt die Lösung entscheidend von der Persönlichkeit der Beteiligten ab.

KLAGEMÖGLICHKEIT

Der schulische Alltag beruht auf zahlreichen Regelungen, Absprachen und Vorgaben, die entweder zwingend notwendig oder lediglich üblich sind.

Im hinteren Teil des Klassenraums sitzen zu müssen, empfand eine Schülerin als Benachteiligung. Die Eltern forderten für ihre Tochter einen Platz im vorderen Teil und drohten mit einer Klage.

Die Sitzordnung gehört zu den allgemeinen und einfachen Organisationsformen des laufenden Schulbetriebs. Diese schulischen Regeln sind allgemein, da sie für alle Schüler gleichermaßen gelten, und einfach, da sie die Schüler tatsächlich und rechtlich nur geringfügig belasten.

Die Geringfügigkeit der tatsächlichen und rechtlichen Belastung führt zu einer Einschränkung des Rechtsschutzes: Eltern und Schüler können sich in solchen Fällen bei der Schule und der Schulaufsicht beschweren, aber nicht vor dem Verwaltungsgericht klagen. Eine garantierte Klagemöglichkeit besteht nur bei schulischen Maßnahmen, die Verwaltungsakte sind, also sehr weitreichende rechtliche und tatsächliche Folgen haben. Dazu zählen vor allem:

- die Aufnahme in die Schule,
- die Zurückstellung vom Schulbesuch,
- die Feststellung eines sonderpädagogischen Förderbedarfs,
- die Versetzung,
- die verbindliche Festlegung des Übergangs zu weiterführenden Schulen,
- die Entscheidung über den Verbleib an der bisherigen Schule am Ende der Erprobungsstufe,
- die Zulassung zur Nachprüfung und die Nachprüfung,
- die Einstufung in für den Bildungsgang und Abschluss entscheidende Kurse, zum Bespiel an Gesamtschulen,
- die Zuerkennung von Qualifikationen, zum Beispiel zum Besuch der gymnasialen Oberstufe,
- die Zulassung zu Abschlussprüfungen und die Abschlussprüfungen selbst,
- alle Einzelnoten auf einem Abschlusszeugnis,
- die Entlassung von der Schule wegen Überschreitens der Höchstverweildauer,
- die Ordnungsmaßnahmen,
- die Beurlaubung und die Unterrichtsbefreiung.

Bei schulischen Entscheidungen, die keine Verwaltungsakte sind, müssen die Eltern gegenüber dem Verwaltungsgericht begründen, worin die besondere Belastung, die eine Klagemöglichkeit eröffnet, im Einzelfall liegt.

BESCHWERDEN

Die Beschwerde ist ein sehr flexibles Mittel, die Überprüfung schulischer Entscheidungen zu erreichen. Für Beschwerden gibt es weder eine bestimmte Frist noch eine festgelegte Form. Sie können jederzeit und auch mündlich bei Lehrern, der Schulleitung oder der Schulaufsicht vorgebracht werden.

Beschwerden beziehen sich auf eine fachliche Frage, etwa wenn die Korrektur einer Klassenarbeit oder die Angemessenheit einer erzieherischen Maßnahme in Zweifel gezogen werden, oder auf eine dienstrechtliche Angelegenheit, etwa wenn das Verhalten eines Lehrers für unkorrekt gehalten wird. Sie beruhen auf der Annahme, die Schule habe rechtswidrig gehandelt, oder auf der Kritik an der pädagogischen Qualität einer Entscheidung.

Der richtige Adressat einer Beschwerde ist zunächst die Person, die eine Entscheidung getroffen oder sich in bestimmter Weise verhalten hat. Eine Beschwerde bei der Schulleitung über einen Lehrer oder der Schulaufsicht über eine Schulleitung, ohne vorher mit den Betroffenen gesprochen zu haben, erweckt den Eindruck, Druck ausüben zu wollen. Darüber hinaus kann dies eine Entscheidung verzögern und birgt oftmals die Gefahr eines Machtkampfs und einer Verhärtung der Standpunkte. Führt das persönliche Gespräch mit einem Lehrer oder der Schulleitung nicht zu einem akzeptablen Ergebnis, bleibt immer noch die Beschwerde bei der nächsthöheren Instanz, da es keine Frist gibt, die Eltern und Schüler hätten versäumen können.

Die Lehrerin forderte einen Schüler auf, eine Getränkedose, die auf dem Schulhof lag, aufzuheben und in den Mülleimer zu werfen. »Die habe ich nicht da hingeworfen«, hielt er ihr entgegen.

Die Äußerung des Schülers ist eine Beschwerde, denn er bezweifelt die Rechtmäßigkeit der Aufforderung seiner Lehrerin. Beschwerden haben jedoch keine aufschiebende Wirkung. Der Schüler muss daher die Getränkedose aufheben und in den Mülleimer werfen. Anschließend kann er sich jedoch bei der Schulleitung beschweren. Die Schulleitung wird in einem solchen Fall allerdings die Anordnung der Lehrkraft bestätigen, da Schüler mitverantwortlich sind für den Zustand des Schulgeländes und -gebäudes und keine unzumutbare Handlung verlangt wurde.

»Wenn ich euch sehe, kommt mir der Kaffee hoch«, soll eine Lehrerin zu einer Klasse gesagt haben. Auf eine Elternbeschwerde hin gab die Schulleitung zu, der Vorfall habe sich ereignet und das unkorrekte Verhalten der Lehrerin habe zu einem Gespräch sowie Absprachen geführt. Die Eltern forderten eine Begründung der Entscheidung und Auskunft über die Art der Konsequenzen.

Die Schulleitung muss eine Beschwerde entgegennehmen, ihre Berechtigung prüfen und den Eltern ein Ergebnis sowie die Art der Erledigung mitteilen. Wird eine Beschwerde wegen des Lehrerverhaltens als unbegründet zurückgewiesen, ist diese Entscheidung zu begründen. Ist die Beschwerde begründet, wird das den Eltern mitgeteilt. Es besteht jedoch weder eine Begründungspflicht – Ausnahmen bilden hier Mecklenburg-Vorpommern, Sachsen und Thüringen, deren Landesverfassungen für alle Behörden einen begründeten Bescheid vorschreiben – noch ein Anspruch der Eltern auf eine konkrete Angabe der ergriffenen Abhilfemaßnahmen. Eine Begründung kann mitgeteilt werden. Die gegenüber dem Lehrer ergriffenen dienstlichen Maßnahmen dürfen jedoch wegen der Fürsorgepflicht und Verschwiegenheitspflicht der Vorgesetzten des Lehrers nicht mitgeteilt werden. Das dient nicht nur dem Schutz des Lehrers, sondern auch dem Schulfrieden. Die Fürsorgepflicht und der Schulfrieden liegen durchaus im Interesse der Eltern und

Schüler. Bloßgestellte oder sich bloßgestellt fühlende Lehrer wären zukünftig schwierige Partner.

Eine Begründung ist erforderlich, wenn Eltern und Schüler sich nicht gegen das inkorrekte Verhalten eines Lehrers ihnen gegenüber wenden, sondern bei der Bewertung schriftlicher Leistungen auf mögliche Fehler oder rechtswidrige Entscheidungen der Lehrer hinweisen. Lehrer sind in diesen Fällen nach der Rechtsprechung des Bundesverfassungsgerichts (BVerfG, Az.: 1 BvR 419/81) verpflichtet, ihre Leistungsbewertungen zu überdenken. Das begründete Ergebnis ist den Eltern und Schülern mitzuteilen, damit sie ihre Bedenken aufgeben oder mit einer Beschwerde oder einem Widerspruch weiterverfolgen können.

Beschwerden sachlich und höflich zu formulieren, sollte selbstverständlich sein. Die Erfolgsaussichten verschlechtern sich in dem Maße, in dem Emotionalität und persönliche Angriffe die Beschwerde prägen. Ein durchgehend emotionaler und überzogen anklagender Ton einer Beschwerde weist auf Motive hin, die weit von dem berechtigten Verlangen nach rechtmäßigem und qualifiziertem Handeln der Schule entfernt sind, löst Abwehrreflexe aus und erweckt den Eindruck, eine große Schwäche in der Sache überdecken zu wollen. Kluge Eltern lassen erst einen Tag, vor allem aber eine Nacht vergehen, bevor sie sich beschweren. Das gilt ebenso für Lehrer in Konfliktsituationen mit Eltern.

ELTERNVERTRETUNG

Den Boten nicht für die Botschaft verantwortlich zu machen, fällt nicht nur Königen schwer, sondern gelegentlich auch Eltern und Lehrern.

Der Elternvertreter einer Klasse fasste auf Bitten der Schulleitung die Beschwerden aus der Elternschaft über eine Lehrerin schrift-

lich zusammen. Dazu gehörten die Überziehung des Unterrichts in die Pausen, sodass die Schüler nicht essen konnten, zu spät zum folgenden Unterricht kamen oder den Bus verpassten, umfangreiche kurzfristige Hausaufgaben, zusätzliches Vokabellernen trotz Ganztagsschule, ein demotivierender Unterrichtsstil und die Bloßstellung einzelner Kinder vor der Klasse. Die Lehrerin forderte von dem Elternvertreter eine Unterlassungserklärung sowie 30.000 Euro als Schadensersatz und Schmerzensgeld.

Eine angemessene Auseinandersetzung mit den Beschwerden der Eltern hätte vorausgesetzt, festzustellen, ob es die Vorfälle tatsächlich gegeben hat, ob es sich um einzelne oder häufige Vorkommnisse handelte und ob die Lehrerin lediglich pädagogisch ungeschickt oder rechtswidrig gehandelt hat. Stattdessen kam es zu einer Klage, die das Landgericht abwies (LG Köln, Az.: 12 O 135/17).

Verlangen Lehrer oder Eltern das Unterlassen einer Äußerung und Schmerzensgeld wegen einer Verletzung ihres allgemeinen Persönlichkeitsrechts durch eine Äußerung, muss zwischen Tatsachenbehauptungen und Werturteilen unterschieden werden. Bei Tatsachenbehauptungen muss deren Wahrheit bewiesen werden, bei Werturteilen ist zu entscheiden, ob sie beleidigend sind oder die Menschenwürde verletzen. Der Elternvertreter, gegen den sich die Klage richtete, hatte weder selbst Tatsachen behauptet noch die Lehrerin beleidigt oder herabgewürdigt, sondern lediglich Äußerungen von Eltern wiedergegeben, ohne selbst ihren Wahrheitsgehalt oder ihre Berechtigung festzustellen.

WIDERSPRUCH

Gegen die Note »mangelhaft« in Mathematik auf dem Zwischenzeugnis erhoben die Eltern in einem Schreiben an die Schulleitung Widerspruch.

Ein Widerspruch kann erhoben werden, wenn die schulische Maßnahme ein Verwaltungsakt ist. Verwaltungsakte verändern die rechtliche Situation der Schüler in erheblicher Weise. Keine Verwaltungsakte sind Noten für Klassenarbeiten, einzelne Noten auf Versetzungszeugnissen sowie das Halbjahreszeugnis. Halten Eltern die Mathematiknote auf dem Zwischenzeugnis für rechtswidrig, können sie demnach keinen Widerspruch erheben, sondern sich nur beschweren.

Die unentschuldigten Fehlzeiten auf dem Zeugnis hielten die Eltern für zu hoch und legten Widerspruch ein.

Aus Fehlzeiten auf einem Zeugnis ergeben sich keine Rechtsfolgen. Sie wirken sich nicht auf die Versetzung aus und verändern auch ansonsten nicht die rechtliche Situation eines Schülers. Es handelt sich lediglich um eine Information des Schülers und der Eltern über entschuldigte und unentschuldigte Fehlzeiten, daher sind sie keine Verwaltungsakte (VG Berlin, Az.: 3 K 1020.11).

Die tatsächliche und die rechtliche Bedeutung zutreffender Fehlzeiten auf einem Zeugnis fallen deutlich auseinander. Rechtlich entfalten sie keine Wirkung, tatsächlich besteht großer Handlungsbedarf der Eltern bei nennenswerten unentschuldigten und gelegentlich auch bei entschuldigten Fehlzeiten, da sie den Lernerfolg erschweren, Warnsignale sein können, die auf persönliche Probleme des Kindes hinweisen, und, wenn sie unentschuldigt sind, eine Schulpflichtverletzung darstellen.

Verwaltungsakte sind in der Regel wichtige Entscheidungen wie die Versetzung oder das Bestehen einer Prüfung. Die Folgerung, schulische Handlungen, die keine Verwaltungsakte sind, seien von geringer Bedeutung, greift dennoch zu kurz. Eine Nichtversetzung ist ein Verwaltungsakt. Doch dieser Verwaltungsakt beruht auf den Fachnoten, die sich wiederum auf viele Einzelnoten stützen. Der Verwaltungsakt »Nichtversetzung« ist demnach der Abschluss eines sich über das gesamte Schuljahr erstreckenden Prozesses. Eine Nichtversetzung ist durch die Eltern mit rechtlichen Mitteln nur schwer zu ändern, da den Lehrern rechtswidrige Entscheidungen nachgewiesen werden müssen, deren Korrektur zwingend zu einer besseren Note führt oder die Lehrer zumindest verpflichtet, erneut über die Note und die Versetzung zu entscheiden. Weit erfolgversprechender als der letzte Anker Widerspruch wäre eine rechtzeitige Korrektur des Kurses gewesen, die zudem in kleinen Schritten hätte erfolgen können.

Widerspruch kann nur gegen Verwaltungsakte erhoben werden. Beschwerden können sich gegen alle schulischen Maßnahmen richten. Beschwerde und Widerspruch sind keine sich ausschließenden Alternativen, da eine Beschwerde auch gegen Verwaltungsakte eingereicht werden kann, wenn Eltern auf die bei einem Widerspruch garantierte Einschaltung der Schulaufsicht und eine Klagemöglichkeit zugunsten eines wenig formalisierten Verfahrens bewusst verzichten wollen.

Einen fünftägigen Unterrichtsausschluss erhielt ein Schüler für eine Prügelei mit einem anderen Schüler. Die Eltern stritten das Fehlverhalten ihres Sohnes nicht ab, hielten aber einen kürzeren Unterrichtsausschluss für angemessener. Sie reichten eine schriftliche Beschwerde ein.

Ein Unterrichtsausschluss ist ein Verwaltungsakt, gegen den Eltern Widerspruch erheben könnten. Die Überprüfung eines Verwaltungsakts durch die Schule setzt aber nicht zwingend einen Widerspruch voraus, sie lässt sich auch mit einer Beschwerde erreichen. Legen Eltern bewusst Beschwerde statt eines Widerspruchs ein, signalisieren sie der Schule ihr Verlangen nach einer Überprüfung der Ordnungsmaßnahme und ihre Bereitschaft, ein negatives Ergebnis zu akzeptieren. Möglicherweise wollen sie auch zunächst den unkomplizierten Rechtsbehelf der Beschwerde nutzen und über einen Widerspruch erst nachdenken, falls die Beschwerde erfolglos bliebe. Sie könnten dann immer noch einen Widerspruch einlegen, wenn die Frist für den Widerspruch nicht verstrichen ist. Sie beträgt einen Monat, wenn der Verwaltungsakt mit einer Rechtsbehelfsbelehrung, also dem Hinweis auf die Widerspruchsmöglichkeit, verbunden ist. Fehlt ein mit dem Verwaltungsakt verbundener Hinweis auf die Widerspruchsmöglichkeit, haben die Eltern ein Jahr Zeit, Widerspruch einzulegen. Die Monatsfrist müssen Eltern sehr ernst nehmen, da sie nach Ablauf der Frist weder Widerspruch einlegen noch klagen können.

Hat die Schulleitung den Eindruck, die Eltern wollten eigentlich Widerspruch einlegen und haben lediglich aus Unkenntnis der juristischen Terminologie ihr Schreiben als Beschwerde bezeichnet, muss sie das Schreiben als Widerspruch behandeln. Ist die Schulleitung sich nicht sicher, ob die Entscheidung zwischen Beschwerde und Widerspruch bewusst und in Kenntnis der Unterschiede zwischen beiden Rechtsbehelfen getroffen wurde, ist sie verpflichtet, die Eltern zu fragen und bei Unklarheiten über die rechtlichen Voraussetzungen und Folgen der Rechtsbehelfe zu informieren. Bei der Beschwerde gibt es im Gegensatz zum Widerspruch keine vorgeschriebene Schriftform und keine Frist, die eingehalten werden muss. Die Beschwerde muss im Gegensatz zum Widerspruch nur an die Schulaufsicht weitergegeben werden, wenn die Eltern das ausdrücklich verlangen. Die Informationspflicht der Schulleitung den Eltern gegenüber im Hinblick auf die wesentlichen Unterschiede von Beschwerde und Widerspruch und den Charakter einer schulischen Maßnahme als Verwaltungsakt entspricht dem Grundsatz der vertrauensvollen Zusammenarbeit, ist aber auch in den Verwaltungsverfahrensgesetzen der Länder vorgeschrieben.

Ein Widerspruchsverfahren muss durchgeführt worden sein, bevor eine Klage gegen einen Verwaltungsakt wie die Nichtversetzung oder eine Ordnungsmaßnahme möglich ist. Die Schule und die Schulaufsicht sollen die Möglichkeit haben, ihre Entscheidung intern zu überprüfen, bevor es zu einem Gerichtsverfahren kommt. Gegen Maßnahmen, die keine Verwaltungsakte sind, kann nur in

Ausnahmefällen vor den Verwaltungsgerichten geklagt werden, wenn ihre belastende Wirkung nicht unerheblich ist und der rechtliche Fehler später nicht mehr korrigiert werden kann. Normalerweise können Eltern nicht unmittelbar gegen die Note für eine Klassenarbeit klagen, sondern können die Rechtmäßigkeit der Note erst bei einer Klage gegen die Nichtversetzung überprüfen lassen, da die Note für eine Klassenarbeit die rechtliche Situation eines Schülers nicht unmittelbar und abschließend ändert. Eine Klage unmittelbar gegen die Klassenarbeitsnote wäre allenfalls möglich, wenn der rechtliche Fehler mit einiger Wahrscheinlichkeit wiederholt werden wird und bei einer Klage gegen die Nichtversetzung nicht mehr zu korrigieren ist, weil ein Lehrer beispielsweise nach den Lehrplänen unzulässige Aufgaben stellt und erklärt, das auch weiterhin tun zu wollen.

EINSICHTSRECHT

Offenheit und Ehrlichkeit gehören zu den Grundlagen jeder vertrauensvollen Zusammenarbeit. Das Vertrauen der Eltern ist für Lehrer ein viel zu wertvolles Gut, als dass es durch fehlende Transparenz gefährdet werden dürfte. Bei schriftlichen Dokumenten der Schule garantieren die Schulgesetze, die Verwaltungsverfahrensgesetze der Länder und die Datenschutzgesetze ein Höchstmaß an Transparenz.

Die Eltern einer Schülerin beantragten Einsicht in alle über ihr Kind bei der Schule vorliegenden schriftlichen Aufzeichnungen, einschließlich der Unterrichtsvorbereitungen und der Entwürfe zur letzten Klassenarbeit im Fach Englisch. Die Schule lehnte unter Verweis auf den Arbeitsaufwand und den privaten Charakter der Entwürfe ab.

Eltern und Schüler haben ein mehrfach rechtlich abgesichertes Einsichtsrecht in alle den Schüler betreffenden schriftlichen Unterlagen der Schule. Die Datenschutzregelungen gewähren ihnen ein umfassendes Einsichtsrecht in alle über sie gespeicherten Daten. Ein besonderes rechtliches Interesse an der Einsicht muss nicht nachgewiesen und Gründe für die Einsicht müssen nicht genannt werden. Obwohl jede Anfrage für Schulen mit Arbeitsaufwand verbunden ist, darf eine Ablehnung nicht mit dem Arbeitsaufwand begründet werden. Der Arbeitsaufwand beeinflusst lediglich die Terminierung. Zusätzlich zum Datenschutz garantieren die Schulgesetze die Einsicht in schulische Unterlagen. Liegt ein besonderes rechtliches Interesse vor, weil Eltern die Erfolgsaussichten eines Widerspruchs oder einer Klage prüfen wollen, oder haben sie bereits geklagt, steht ihnen ebenfalls ein Einsichtsrecht zu.

Einsicht meint nicht, einen Blick in die Akten werfen zu dürfen, sondern umfasst auch das Recht, Aufzeichnungen oder Kopien anzufertigen. Werden Eltern und Schüler von einem Rechtsanwalt vertreten, kann dieser ebenfalls Einsicht nehmen. Üblich ist eine Zusendung von Kopien durch die Schule an den Rechtsanwalt gegen Kostenerstattung.

Unterrichtsvorbereitungen und Entwürfe für Klassenarbeiten sind zwar keine privaten Aufzeichnungen, aber auch keine schriftlichen Unterlagen, welche die Schule über den Schüler führt. Für den Informationsanspruch und Rechtsschutz der Eltern und Schüler kommt es auf die tatsächlich gestellte Klassenarbeit und den erteilten Unterricht an, nicht auf vom Lehrer in Betracht gezogene Alternativen. Die Eltern haben daher kein Einsichtsrecht und brauchen es auch nicht für die Prüfung der Rechtmäßigkeit einer Note.

VERFAHRENSVORSCHRIFTEN

Bei Verfahrensvorschriften neigen Eltern, Schüler und Lehrer sowohl zur Unterschätzung als auch zur Überschätzung. Unterschätzt wird die Bedeutung für die Handlungssicherheit der Lehrer und Eltern sowie die inhaltliche Qualität einer Entscheidung.

Verfahrensvorschriften dienen der Handlungssicherheit, indem sie beispielsweise klären, wer für eine Entscheidung zuständig ist und wer angehört werden muss. Sie beeinflussen die inhaltliche Qualität einer Entscheidung, da es nicht unbedeutend ist, wer die Entscheidung trifft oder beeinflussen kann. Eine Schulleitung kann andere Erfahrungen, Interessen und Maßstäbe haben als die Mitglieder einer Konferenz, und es beeinflusst die Entscheidung, ob einer Konferenz nur Lehrer angehören, die den Schüler kennen, oder auch Lehrer, die ihn nicht kennen. Eine Anhörung ist kein formaler Vorgang, sondern die in der Anhörung von Eltern und Schülern genannten Tatsachen und Argumente müssen bei der Entscheidung berücksichtigt werden.

Überschätzt werden Verfahrensfehler, wenn sie als Selbstzweck angesehen werden. Sie sind nicht wichtiger als die inhaltliche Qualität einer Entscheidung. Wurde gegen Verfahrensvorschriften verstoßen, stellt sich die Frage, ob die Entscheidung anders ausgefallen wäre, wenn die Vorschriften beachtet worden wären.

Vor der Entscheidung, einen Schüler für zwei Tage vom Unterricht auszuschließen, wurden die Eltern nicht gehört.

Verfahrensvorschriften sind weit mehr als »formaler Kram«, und Verfahrensfehler können in einigen Fällen korrigiert werden. Die Schule und die Schulaufsicht können die Anhörung im Widerspruchsverfahren nachholen und damit den Verfahrensfehler beseitigen (VGH Hessen, Az.: 7 ZU 2137/07). Das ist in allen Bundesländern durch Regelungen der Verwaltungsverfahrensgesetze der Länder möglich.

Die Erfolgsaussichten der Eltern hängen von guten Argumenten im Widerspruchsverfahren ab. Der bloße Hinweis auf einen Verfahrensfehler, der korrigiert werden kann, ist kein gutes Argument. Bei Meinungsverschiedenheiten sollten Eltern und Lehrer sich daher nicht vorrangig auf Verfahrensfragen, sondern auf die inhaltliche Qualität der rechtlichen und pädagogischen Begründung einer Entscheidung konzentrieren.

Die Unvollständigkeit des Protokolls, in dem Prüfungsfragen nicht dokumentiert worden seien, rügte eine Schülerin nach einer nicht bestandenen Prüfung und forderte die Wiederholung der Prüfung.

Der pauschale Einwand, es seien Prüfungsfragen nicht dokumentiert worden, genügt nicht. Die Schülerin müsste konkret sagen, welche Fragen ihr in der Prüfung gestellt, aber nicht dokumentiert wurden (OVG NRW, Az.: 19 B 501/17). Sollte es ihr gelingen, Mängel des Protokolls aufzuzeigen, führte aber selbst das nicht zur Rechtswidrigkeit der Prüfung, da eine Fehlerhaftigkeit des Protokolls die gestellten Fragen oder die Bewertung der Antworten nicht rechtswidrig macht. Das Oberverwaltungsgericht hat den Unterschied zwischen substanziellen Einwänden und Randphänomenen im Falle des Protokolls auf den Punkt gebracht: »Denn die Leistungsbewertung erfolgt … auf der Grundlage der gezeigten Prüfungsleistungen des Schülers, nicht aber auf der Grundlage des protokollierten Prüfungsverlaufs« (OVG NRW, Az.: 19 B).

»Mängel des Protokolls können nur für die Beweisführung hinsichtlich des Prüfungsverlaufs relevant sein« (OVG NRW, Az.: 19 B 501/17). Zu einem Nachweis, welche Fragen gestellt und Antworten gegeben wurden, sind die Prüfer demnach nur gezwungen, wenn die Schülerin bestimmte Fragen und Antworten benennt, die nicht im Protokoll stehen. Es bleibt also dabei: Es kommt auf den Kern der Sache, in diesem Fall die tatsächlichen Leistungen und ihre Bewertung, und nicht auf Randphänomene und Ablenkungsmanöver an.

BEFANGENHEIT

Sympathie und Antipathie gehören zu menschlichen Beziehungen und damit auch zur Lehrer-Schüler-Beziehung. »Die kann mich nicht leiden« oder »Mit dem komme ich nicht klar« sind zeitlose

Schüleräußerungen. Rechtlich relevant werden sie, wenn damit der Vorwurf der Befangenheit erhoben wird. Das Gefühl, nicht gut miteinander zu können, ist diffus; rechtlich fassbar wird es erst anhand bestimmter Ereignisse.

»You make me sick«, hatte eine Englischlehrerin zu einer Schülerin gesagt, der sie auf dem Versetzungszeugnis die Note »mangelhaft« erteilte. Auch weitere emotional-kritische Äußerungen soll es gegeben haben.

Das Gericht hielt es für offensichtlich, »dass in einem solchen emotionalen Ausbruch ohne Hinzutreten besonderer Umstände weder eine Beleidigung noch ein Indiz für eine persönliche Voreingenommenheit bei der Notenvergabe gesehen werden kann …« (VGH Bayern, Az.: 7 CE 06.2781). Haben Eltern und Schüler den Eindruck einer Voreingenommenheit eines Lehrers, fordern die Gerichte, nicht bis zur Zeugnisnote zu warten, sondern sich schon vorher an den Lehrer und die Schulleitung zu wenden. Andernfalls erscheint die Berechtigung der Vorwürfe zweifelhaft. Diese Auffassung der Rechtsprechung entspricht dem Interesse der Eltern, Schüler und Lehrer, die Belastung oder Gefährdung einer vertrauensvollen Zusammenarbeit, von wem auch immer sie ausgehen mag, so früh wie möglich anzusprechen und auszuräumen.

KONKRETE EINWÄNDE

»Wir halten die Note für ungerecht, da unser Sohn sich gut am Unterricht beteiligt hat und Sie oft gefehlt haben. Außerdem zensieren Sie zu streng«, schrieben Eltern einer nicht versetzten Schülerin in ihrem Widerspruch.

Ein inhaltsleerer Widerspruch führt lediglich zu einer ebenso inhaltsleeren Antwort der Schule, etwa: »Die Notengebung ist gerecht, die Unterrichtsbeteiligung beurteilt der Lehrer und nicht der Schüler, Erkrankungen sind bedauerlich, aber nicht rechtswidrig, und die Zensurengebung entspricht den Vorgaben.«

Lehrer und Eltern haben die Pflicht, inhaltlich zur Lösung eines Konfliktes über die Berechtigung einer Note beizutragen. Zunächst müssen Lehrer bei einer Gesamtnote die Einzelnoten (zum Beispiel der Klassenarbeiten und der sonstigen Mitarbeit) und die wichtigsten Gründe für ihre Beurteilung (zum Beispiel lückenhafte Grundkenntnisse oder Schwächen bei widerspruchsfreien Begründungen) nennen. Die Eltern sind dann verpflichtet, konkrete Einwände zu formulieren, die auf Bewertungsfehler hinweisen. Zu diesen Einwänden der Eltern haben dann wiederum die Lehrer Stellung zu nehmen. Ist Eltern die Zusammensetzung der Deutschnote auf dem Zeugnis in einem Gespräch näher erläutert worden, müssen sie konkrete Einwendungen formulieren, um eine weitere Aufklärung des Sachverhaltes zu erreichen (VG München, Az.: 3 E 17.3542).

Ein Widerspruch darf, allein schon um die Monatsfrist zu wahren, zunächst ohne Begründung eingelegt werden. Die Begründung sollte innerhalb von zwei Wochen nachgereicht werden. Eltern sind an diese Frist, die nicht in einem Gesetz steht, sondern lediglich üblich ist, nicht gebunden. Hat die Schule den Eltern diese Frist mitgeteilt, können die Eltern von einer Verlängerung, auf ihre Bitte hin, ausgehen. Ist Eltern eine erste Notenbegründung des Lehrers bekannt und begründen sie ihren folgenden Widerspruch gar nicht oder substanzlos, ist er zwar nicht von vornherein unwirksam, die Eltern können die Schule aber nicht zu einer weiteren konkreten Stellungnahme veranlassen. Die Antwort kann in allgemeinen Ausführungen bestehen. Eine Klage scheitert in jedem Fall, da die Verwaltungsgerichte zwar verpflichtet sind, selbst die für die Entscheidung wichtigen Tatsachen festzustellen, dabei aber von der Klagebegründung ausgehen.

Enthält die Klagebegründung keine rechtlich relevanten Tatsachen und Argumente, scheitert die Klage.

Einwände von Eltern und Schülern gegen schulische Entscheidungen müssen so konkret und klar wie möglich sein. Um unnötigen Aufwand, vor allem aber ein vorhersehbares Scheitern einer Beschwerde oder eines Widerspruchs zu vermeiden, ist ein Gespräch mit den Lehrern und der Schulleitung anhand konkreter Fragen sinnvoll. Bei der Notengebung gilt ebenso wie bei anderen schulischen Entscheidungen: Je detaillierter die Bewertungen des Fachlehrers oder Begründungen einer Entscheidung sind, desto konkreter können und müssen die Einwendungen und Fragen der Eltern sein. Diesen Zusammenhang betonen auch die Verwaltungsgerichte (zum Beispiel OVG Sachsen, Az.: 2 B 844/02).

Die zu stellenden konkreten Fragen hängen vom Einzelfall ab. Beispielhaft für konkrete Fragen, die Eltern sich zur Vorbereitung eines Gesprächs mit Lehrern, einer Beschwerde oder eines Widerspruchs stellen sollten, wenn sie die Berechtigung einer Note infrage stellen, seien folgende genannt:

- Wurden alle vom Schüler tatsächlich erbrachten Leistungen berücksichtigt?
- Wurden Erziehung und Notengebung unzulässig verbunden, indem der Schüler zum Beispiel mit einer schlechten Note für ein Fehlverhalten bestraft werden sollte?
- Passen die Einzelnoten zur Gesamtnote?
- Auf welchen der beiden großen Beurteilungsbereiche – schriftliche Arbeiten oder sonstige Mitarbeit – beziehen sich die Einwände, oder sind beide Bereiche betroffen?
- Ist bei einer Klassenarbeit Richtiges als falsch beurteilt worden, oder gibt es andere Beurteilungsprobleme?
- Sind die Korrekturanmerkungen und Notenbegründungen verständlich und widerspruchsfrei?
- Fehlte der Zusammenhang mit dem Unterricht?

- Welcher Bereich der sonstigen Mitarbeit, zum Beispiel Tests, Referate, Unterrichtsbeteiligung, praktische Arbeiten, ist betroffen?

Je mehr konkrete Fragen Eltern stellen, desto sachlicher, lösungsorientierter und einvernehmlicher verläuft das Gespräch und desto solider ist die Grundlage für die weitere vertrauensvolle Zusammenarbeit.

ZUSAMMENFASSUNG: WAS ELTERN WISSEN SOLLTEN

- Die Kontrollmöglichkeiten der Gerichte sind wegen der weiten pädagogischen Handlungsspielräume der Lehrer begrenzt.
- Gegen die Schüler tatsächlich und rechtlich wenig belastende Maßnahmen kann nicht geklagt werden.
- Für Beschwerden gibt es weder eine bestimmte Frist noch eine bestimmte Form.
- Beschwerden haben keine aufschiebende Wirkung. Wird eine Beschwerde zurückgewiesen, wird die Entscheidung begründet. Ist eine Beschwerde wegen einer Entscheidung eines Lehrers begründet, wird den Eltern ein Ergebnis und die Art der Erledigung mitgeteilt. Einen Anspruch auf eine Begründung haben sie nur in wenigen Bundesländern. Bei einer begründeten Beschwerde wegen des unkorrekten Verhaltens eines Lehrers werden die ergriffenen Maßnahmen nicht mitgeteilt.
- Weisen Eltern konkret auf mögliche Fehler bei der Notengebung hin, müssen Lehrer dazu begründet Stellung nehmen.
- Elternvertreter sind nicht für den Wahrheitsgehalt und die Berechtigung von Elternbeschwerden verantwortlich, die sie lediglich weitergegeben haben.
- Ein Widerspruch kann nur erhoben werden, wenn die schulische Maßnahme ein Verwaltungsakt ist. Bei einem Widerspruch sind Fristen zu beachten. Bei Verwaltungsakten ist auch eine Beschwerde möglich. Ein Widerspruch kann zu-

nächst ohne Begründung eingelegt werden; die Begründung ist dann nachzureichen.

- Einwände gegen schulische Entscheidungen müssen so konkret wie möglich sein.
- Eltern müssen Rechtsbegriffe nicht korrekt verwenden. Die Schulleitung muss sie bei Unkenntnis oder Unsicherheit beraten.
- Eltern haben ein Einsichtsrecht in alle ihr Kind betreffenden schriftlichen Unterlagen der Schule.
- Verfahrensfehler sind nicht wichtiger als die inhaltliche Qualität einer Entscheidung.
- Emotional-kritische Lehreräußerungen allein reichen nicht aus, um eine Befangenheit zu beweisen. Es müssen weitere Tatsachen vorliegen.

SCHLUSSBEMERKUNGEN

Die gesetzlichen Vorgaben suggerieren teilweise eine vorrangige Verpflichtung der Lehrer und der Schule, heben aber die gesetzlichen Pflichten der Eltern und Schüler zur Zusammenarbeit mit den Lehrern nicht auf. Gesetzliche Vorgaben wie die Verpflichtung zur individuellen Förderung, dem Erstellen von Förderplänen bei drohender Nichtversetzung und der Festlegung der Versetzung als Regelfall suggerieren eine weitreichende Verantwortung der Lehrer für den Lernerfolg der Schüler, die Eltern zu der Fehleinschätzung verleiten kann, auf ihre Anstrengungen und die ihres Kindes komme es nicht entscheidend an. Auf diesem Weg wird der Lernerfolg nicht gefördert, sondern verhindert.

Entscheidend für den Lern- und Bildungserfolg der Schüler sind weder die Schulausstattung, die Digitalisierung oder die Schulentwicklung, obwohl sie in der öffentlichen Diskussion im Vordergrund stehen und nicht vernachlässigt werden dürfen, sondern die Eltern. Die wichtigste Grundlage für die Lösung fundamentaler Probleme des Schulwesens besteht nicht in Geld, sondern in der Unterstützung durch die Eltern. Teil der Lösung und nicht Teil des Problems sind Eltern, wenn sie ihre eigenen Rechte und Pflichten und die ihres Kindes kennen und nicht vorrangig nach Ansprüchen suchen, die sich dann häufig als nicht so weitreichend herausstellen wie erhofft. Eltern und Lehrer, die sich ganz auf die Suche nach eigenen Rechten und den Pflichten der anderen konzentrieren, suchen das Trennende und können schwerlich vertrauensvoll im Interesse der Kinder zusammenarbeiten. Erst die Frage nach dem ausgewogenen Verhältnis der eigenen Pflichten und der Pflichten anderer sowie den eigenen Rechten und denen der anderen verbindet und ermöglicht es, das gemeinsame Ziel anzustreben: das Wohl der Schüler.

Die Schulgesetze fordern eine *vertrauensvolle* Zusammenarbeit von Eltern und Lehrern. Die Bedeutung dieses Adjektivs darf nicht unterschätzt werden. Ohne gegenseitiges Vertrauen ist eine erfolgreiche, langfristige Zusammenarbeit nicht möglich. Vertrauen ist eines der wichtigsten, vielleicht sogar das wichtigste soziale Bindemittel. Vertrauen wächst auf dem Boden von Kultur und Erfahrung. Es kann nicht per Gesetz geschaffen werden, da das Recht und die Gesetze selbst auf kulturelle, gesellschaftliche und politische Quellen angewiesen sind – und doch tragen Gesetze zur Vertrauensbildung bei. Sie schaffen eine für alle geltende Handlungsgrundlage und bieten Regeln für die Konfliktlösung. Das Schulrecht fordert kein blindes Vertrauen, sichert Eltern und Lehrern Handlungsmöglichkeiten zu, zieht Grenzen, regelt Konflikte und schützt sie vor Willkür. Es bietet die Sicherheit, die Voraussetzung für Vertrauen ist.

Die Wertschätzung von Wissen, Leistung und Bildung durch die Eltern ist eine der stärksten Triebfedern für den Bildungserfolg. Obwohl die entscheidenden Faktoren des Bildungserfolgs damit nicht finanzieller Art sind, kostet die Unterstützung ihrer Kinder Eltern Zeit, Kraft und Geld. Eine vom ökonomischen Denken beherrschte Gesellschaft muss die Frage beantworten, wie viel ihr familiäre Bildungsleistung wert ist.

Das Schulrecht erweitert den Blick der Eltern über das eigene Kind hinaus und fördert damit ein Handeln zum Wohl des Kindes. Bei Fehlverhalten des eigenen Kindes auch die Perspektive des Opfers einnehmen zu können und zu wollen sowie die Auswirkungen auf das Zusammenleben in der Schule zu bedenken, ist Teil des elterlichen Erziehungsauftrags. Das Recht kann die Fähigkeit, in diesem Sinne zu handeln, nicht schaffen oder die Bereitschaft dazu erzwingen. Eine Betrachtung schulischer Situationen aus der rechtlichen Perspektive fördert eine solche Haltung aber in hohem Maße. Denn eine rechtliche Betrachtung setzt voraus, die Perspektive aller Beteiligten zur Kenntnis zu nehmen und jedes Handeln an überindividuellen Maßstäben zu messen. Die Folgen des eigenen Handelns für die Gemeinschaft sind ein entscheidendes rechtliches Beurteilungskriterium. Die Berechtigung eines Anspruchs muss im Einzelfall anhand der Gesetze geprüft werden. Bei der Entscheidung, ob ein Anspruch grundsätzlich akzeptabel ist, hilft die Frage, ob er von allen Eltern und Schülern erhoben werden könnte, ohne zu inakzeptablen Konsequenzen zu führen.

Die Auswirkungen auf andere und die Allgemeinheit bei eigenen Entscheidungen und Handlungen zu berücksichtigen, entspricht wichtigen, in den Schulgesetzen genannten Erziehungszielen wie der verantwortlichen Teilnahme am sozialen Leben und dem Verantwortungsbewusstsein für das Gemeinwohl. Die Überbetonung individueller Ansprüche schädigt die Schule als soziale Gemeinschaft, erschwert die Erziehung und den Lernerfolg und den Zugang zur Bildung. Ein individueller Mensch in seiner Einzigartigkeit hat ebenso wenig die Bildungsgüter wie die materiellen und sonstigen Lebensgrundlagen geschaffen. Wenn Schüler lernen sollen, verantwortlich am sozialen, gesellschaftlichen, wirtschaftlichen, beruflichen, kulturellen und politischen Leben teilzunehmen und ihr eigenes Leben zu gestalten (so zum Beispiel Paragraf 2 Abs. 4 Satz 3 Schulgesetz NRW), nehmen sie an etwas teil und gestalten ihr Leben in Zusammenhängen, die Generationen vor ihnen geschaffen haben.

Das Wohl der Kinder ist das gemeinsame Ziel des Handelns von Eltern und Lehrern. Doch dieses Wohl darf nicht mit individuellen Wünschen und Bedürfnissen gleichgesetzt werden, wenn man die Aufgabe der Schule und die Verantwortung der Eltern und Lehrer richtig verstehen will. Schüler sollen zu selbstverantwortlichen Mitgliedern der Gesellschaft werden (BVerfG, Az.: 1 BvR 147/75). Die schulische Bildung trägt entscheidend zur Integration der Kinder in eine Kultur, eine Gesellschafts- und Wirtschaftsordnung und einen Staat bei. Das Bundesverfassungsgericht betont die Integrationsaufgabe der Schulen als wesentlich für die Rechtfertigung der Schulpflicht (BVerfG, Az.: 1 BvR 436/03). Kinder können nur zu berufsfähigen Menschen, verantwortungsbewussten Mitgliedern der Gesellschaft und entscheidungsfähigen Bürgern des Staates werden, wenn diese Aufgabe nicht allein den Schulen überlassen wird, sondern die Eltern ihren Kindern vermitteln, eigene Interessen und kurzfristige Bedürfnisse zurückzustellen und über sich selbst hinauszuwachsen. Schüler werden damit nicht fremden Zwecken unterworfen, sondern durch die Erweiterung ihres Horizonts zur Mündigkeit befähigt.

Eltern und Lehrer sollten sich nicht gegenseitig vorzuschreiben versuchen, wie der jeweils andere seine Rechte wahrzunehmen und in seinem Aufgabenbereich zu handeln hat. Eltern können rechtmäßiges Handeln der Lehrer einfordern und Lehrer können von Eltern verlangen, die rechtlichen Regeln zu akzeptieren. In den rechtlich nicht eindeutig geregelten Fragen dient es der Zusammenarbeit in gegenseitigem Respekt, erfolgsorientiert zu denken, statt dem anderen vorschreiben zu wollen, wie er zu handeln hat. Die wichtigste Elternfrage im Hinblick auf den Unterricht sollte erfolgsorientiert lauten: »Lernt mein Kind etwas?« und nicht prozessorientiert: »Machen Sie abwechslungsreichen Unterricht?« Die Erfolgsorientierung lässt dem anderen viele Freiheiten und vermeidet ergebnislose Grundsatzdiskussionen. Lehrer sollten daher im Hinblick auf die Unterstützung der Eltern für den Lernerfolg fragen: »Hat das Kind zu Hause gelernt?« und nicht: »Sitzen Sie bei den Hausaufgaben neben ihrem Kind?«

Ein Gespräch über den richtigen Weg zum Lern- und Erziehungserfolg ist damit keineswegs ausgeschlossen, hat aber nicht den

Charakter einseitiger Belehrung, sondern den eines Erfahrungsaustausches und einer gemeinsamen Suche.

Würde die Lektüre dieses Buches einen Beitrag leisten zur Anerkennung der großen Bedeutung der Eltern für den Bildungserfolg der Schüler und zur Förderung der Bereitschaft der Lehrer und Eltern, vertrauensvoll zum Wohl der Kinder zusammenzuarbeiten, entspräche das meinem zentralen Anliegen.

DANK

Mein besonderer Dank gilt Desirée Šimeg für die sorgfältige Durchsicht und die zahlreichen kritischen, weiterführenden Anmerkungen und Ariane Novel für die stets angenehme Zusammenarbeit sowie meiner Frau Elke für zahlreiche Anregungen.

ÜBER DEN AUTOR

Dr. Thomas Böhm studierte Rechtswissenschaft, Anglistik und Pädagogik für das Lehramt Sekundarstufe II in Bonn und Bochum. Er ist seit vielen Jahren als Dozent für Schulrecht und Rechtskunde am Institut für Lehrerfortbildung in Essen-Werden tätig, leitet Fortbildungen für Lehrer, qualifiziert Schulleiter für ihre Tätigkeit und führt bundesweite Seminare durch. Er ist Gründungsherausgeber der Zeitschrift *SchulRecht* sowie Autor zahlreicher Veröffentlichungen zum Schulrecht. Sein Buch *Nein, du gehst jetzt nicht aufs Klo!* über die Rechte von Lehrern erschien 2017 beim mvg Verlag.